神會禪師的悟境。

聖嚴法師 著

自序

中國的禪宗，雖在菩提達摩來華之前，就已有人弘揚具有中華文化色彩的頓悟禪法，但是，中國禪宗的啟蒙，畢竟有待於菩提達摩的西來。

中國的禪宗，雖然由達摩祖師從印度傳入了「藉教悟宗」、「凡聖等一」、「更不隨於言教」的楞伽宗旨。但是，從唐朝淨覺所見的此宗傳承，自求那跋陀羅三藏，經菩提達摩、慧可、粲禪師、道信、弘忍、神秀等一共七位，撰成傳承系譜集一卷，名為《楞伽師資記》。乃是禪宗史上所謂北宗禪的漸修漸悟法門，還不是後世中國禪宗的風格。

至於真正中華禪宗的特色，是頓悟漸修與漸修頓悟的不二法門，乃在六祖惠能的《六祖壇經》（略稱《壇經》）開始，他所走的路線，除了從五祖弘忍大師聽聞《金剛經》並傳承了五祖的衣鉢之外，到底有哪些思想風格是受《楞伽師資記》的影響，在《壇經》中並不多見，甚至正巧相反。例如《壇經》與四祖道信大師的〈入道安心要方便門〉，同時都引用《文殊說般若經》的一行三昧，兩者間的理解卻不相同。特別是四祖的五門禪和五祖的守本真心，都主張「守一」與「守心」，六祖對此，則持相反的意見，以為看心看淨，是迷人不悟，障自本性，主張「於一切時中，行住坐臥，常行直心」便是一行三昧，乃是將禪法用於日常生活之中，而不限於盤腿打坐之時，這就將佛法普遍地活用在人間社會中了。雖其內容精深，運用卻極簡單，這也正是各行各業的人，大家樂意接受而又容易實踐的禪法。

依據日本近代學者關口真大博士，以及中國現代學者印順博士的研究所見，中國禪宗的成立，分為幾個階段：1.以菩提達摩為中心的，稱為楞伽宗；2.以道信及弘忍為中心的，稱為東山宗；3.以神秀、惠能、神會等為中心的，稱為達摩宗；4.又由達摩宗的分派，成立了淨眾宗、南山念佛門、保唐宗、洪州宗、石頭宗、荷澤宗；5.然後才是中國禪宗的大成，以及五家七宗的展開。

在這中間，神會禪師（西元六八四—七五八年）對於中國禪宗的貢獻，扮演著承先啟後的角色，六祖圓寂後，弟子雖多，能夠通宗通教，飽覽儒道群書，深入三藏教誨，熱心國事安危的大師像神會這樣的人，則不做第二位想。

六祖門下諸師，多在中國南方，形成山林佛教，唯有神會大師一人北上中原，與當時神秀禪師門下的普寂、義福、敬賢、惠福等四位大師們傳持的北宗禪，分庭抗禮，大事闡揚曹溪惠能的南宗禪；並且協助皇帝，平定安史之亂，唐肅宗便為他建立荷澤寺於首都洛陽，開創了荷澤宗，為南宗禪在北方奠定江山。

由於荷澤法脈，僅傳承到圭峰宗密（西元七八〇—八四一年）便中斷了。所以後世提起南宗禪的惠能派下，僅著眼於南嶽懷讓門下的洪州宗，以及青原行思門下的石頭宗之傳承，而將神會的荷澤宗視為旁出。其實，當時非常活躍的是神會，從敦煌殘卷中發現的神會遺作，例如：《南宗定是非論》、《神會和尚語錄》、《南陽和尚頓教解脫禪門直了性壇語》、《頓悟無生般若頌》，得知神會禪師的禪宗思想及其禪風，最像六祖的嫡傳。

以〈顯宗記〉的內容來看，學植深厚，文字簡要，宗義明確。全文以《壇經》的「無念為宗」做主題，以般若、解脫、法身的涅槃三德做貫串，以大小三乘的道品行果為架構。動用了印度空有二系，會歸空有不二。思想與實踐並重，解與行相呼相應。雖未引經據典，然從其所遺用的佛學名相及其表達的文義來看，背景資料相當豐富，涉及的大小乘經論有數十種，而以《般若經》、《涅槃經》、《維摩經》、《法華經》、《華嚴經》諸經，以及《大智度論》、《中觀論》、《成唯識論》、《大乘起信論》（略稱《起信論》）諸論，為其取材的根據，目的是在向世人呈現惠能大師的《壇經》宗旨。

所以，神會禪師是六祖門下傑出的龍象，是一位代表南宗去征服北方的功臣，為了講解他的〈顯宗記〉，也使我翻閱了與之相關的數十種經論史傳，以及現代學者們的著作。

因此，這冊講錄的寫成，獲益最多的人，是我自己，使我從禪宗的角度，來看整體的佛法，就像是寫了一冊禪學的佛法概論。對於關心中國禪宗思想及其修證特色的讀者，應該會有幫助。若從我的解讀之中，發現了不同的看法，那是很正常的。如果因此而引起更多的人，從另一些角度認識〈顯宗記〉，我便完成了拋磚引玉的任務，因為我的目的主要就是希望神會禪師遺留在人間的智慧，能夠利益後人。

本書原講於臺北法鼓山農禪寺的週日禪坐會，自一九九五年八月六日起，原則上應該每週一講，事實上由於我太忙碌，除了每隔三個月要往返美國一次，加上在臺灣期間，也常常缺課，所以到一九九七年三月二日，只講了十八次。到了一九九七年十月，當時禪坐會輔導師果醒比丘，將一包從錄音帶上整理出來的打字稿交給我，隨身帶到紐約，看了幾篇，覺得鬆散空泛，也有不少信口講出的錯誤，連修改都有困難，所以擱置起來。

到了今年（西元一九九八年）五月下旬，我又把錄稿拿出來讀了一遍，發現我講的內容雖然不紮實，〈顯宗記〉這篇文章，的確很值得流傳，涵蓋面也相當深廣，可以把它當作《壇經》的輔助來讀，由於文體古簡，卻又不像《壇經》那樣一看就懂，必須細心品味琢磨，才能獲得這篇名作的神髓。

再看整理錄音帶的菩薩，共有八位：邱松英、蘇仁格、蔡孟君、周戀英、高麗卿、陳秀文、林寶玉、蔡素枚，這些人都很用心，雖然有兩卷錄音帶不全，無法整理成稿，但這些菩薩的熱心，實在感人。只是初稿部分只有十數頁可以修改成文，其餘的必須全部重寫。

為了這兩種原因，我便於五月下旬至六月上旬，用了兩週的時間，起早待晚，依文解義，振筆疾書，完成了將近六萬字的本書。

我很感謝他們用心由錄音帶上整理出來，使我有些脈絡可循，也能重溫一下講出時的心境。但在此我要說明的是，本書已非講出時的面貌，增加了不少資料，減少了很多衍言，可供再一次講出的參考。

姚果莊為我謄清文稿，法鼓文化出版部，允予刊行，一併在此向他們致謝。

（一九九八年六月十一日，聖嚴序於紐約東初禪寺）

目錄

第二篇 無住與涅槃

第三篇 菩提與般若

第四篇 六度與十力

〈顯宗記〉

一、無念與真如

無念為宗，無作為本。真空為體，妙有為用。

夫真如無念，非想念而能知實相，無生豈色心而能見？

無念念者，即念真如；無生生者，即生實相。

二、無住與涅槃

無住而住，常住涅槃。無行而行，即超彼岸。

如如不動，動用無窮。念念無求，求本無念。

三、菩提與般若

菩提無得，淨五眼而了三身；
般若無知，運六通而弘四智。
是知即定無定，即慧無慧，即行無行。性等虛空，體同法界。

四、六度與十力

六度自茲圓滿，道品於是無虧，是知我法體空，有無雙泯。
心本無作。道常無念，無念、無思、無求、無得。
不彼不此，不去不來。體悟三明，心通八解。
功成十力，富有七珍。

五、常寂與常用

入不二門，獲一乘理。
妙中之妙，即妙法身；天中之天，乃金剛慧。

湛然常寂，應用無方。用而常空，空而常用。
用而不有，即是真空；空而不無，便成妙有。
妙有即摩訶般若，真空即清淨涅槃。
般若是涅槃之因，涅槃是般若之果。
般若無見，能見涅槃；涅槃無生，能生般若。
涅槃般若，名異體同。隨義立名，故云法無定相。
涅槃能生般若，即名真佛法身。
般若能建涅槃，故號如來知見。
知即知心空寂，見即見性無生。
知見分明，不一不異，故能動寂常妙，理事皆如如。
即處處能通達，即理事無礙。

六、定慧與如如

六根不染即定慧之功，六識不生即如如之力。
心如境謝，境滅心空；心境雙亡，體用不異。

真如性淨，慧鑒無窮。如水分千月，能見聞覺知。
見聞覺知而常空寂。
空即無相，寂即無生。不被善惡所拘，不被靜亂所攝。
不厭生死，不樂涅槃。無不能無，有不能有。
行住坐臥，心不動搖。一切時中，獲無所得。
三世諸佛，教旨如斯。

七、付法與傳衣

即菩薩慈悲，遞相傳受。
自世尊滅後，西天二十八祖，共傳無住之心，同說如來知見。
至於達磨，屆此為初，遞代相承，於今不絕。
所傳祕教，要藉得人，如王髻珠，終不妄與。
福德智慧，二種莊嚴，行解相應，方能建立。
衣為法信，法是衣宗。唯指衣法相傳，更無別法。
內傳心印，印契本心；外傳袈裟，將表宗旨。

非衣不傳於法，非法不受於衣；衣是法信之衣，法是無生之法。

八、無生與解脫

無生即無虛妄，乃是空寂之心；
知空寂而了法身，了法身而真解脫。

前言

〈顯宗記〉本文字數雖不多，可是內容非常豐富，首先介紹〈顯宗記〉的標題。

為什麼叫「顯宗」？在中國禪宗的立場，以不立文字、直指人心為宗，這「宗」可以說是宗旨的宗，也可說是根本、原理的意思，它是為了顯示《壇經》的「無念為宗」。

宗與教是相對的，一般所講的宗教是一種信仰鬼神、神祕力量的意思；可是在佛教，尤其是在禪宗的立場，宗是指心法，教是指理論。從語言、文字思辨等哲學和道理來理解佛法，是為「教」；文字語言之外，也叫作「教外別傳」的是為「宗」。宗的意思必須「如人飲水，冷暖自知」，自己去體驗。因此，凡是有禪悟經驗的人所講的就是「心」，就是「佛性」，心是指智慧心、清淨心，佛性是不動的空性。只有以清淨的、無煩惱的、無分別的慧心，才能夠見到不動的、不變的而實際上是沒有一點痕跡可見的佛性，那便是「宗」，就是明心見性的「性」。

事實上明心也是明的「宗」，見性也是見的「宗」。明心就是心中沒有煩惱、沒有執著、沒有分別。明的意思並不是說很聰明，而是心中無罣礙，心中無差別。

唯有明心的人才能見性，很多人以為見性就是見到佛身放光，其實不是。性是無形、無相、無聲、無色、無味的，沒有形相、沒有味道、沒有顏色、不可捉摸，不是用我們的五官六根能夠接觸的，不是能用我們的意識去推敲、思考、設想、了解的，那也就是佛性。

既然是沒有具象的東西叫作佛性，為什麼還要講？那是要我們真正了解自己的執著而放下它，放下馬上就可以見到那個佛性的「性」，也就是〈顯宗記〉的「宗」。

這篇文字叫作「記」，乃記錄、記述、說明、敘述之意，荷澤神會禪師用這篇文章來告訴我們什麼叫禪宗的宗。禪宗的宗與淨土宗的宗以及其他各宗各派的宗不大一樣，禪宗之外的人以為「宗」是宗派、學派；但在禪宗來說，「宗」不是學派、不是宗派，而是指所有一切眾生本具的清淨的佛心，明心見性的性，也是明心見性的心，也就是說無礙智慧心和不動的空性，這兩者即是禪宗的宗。因為《楞伽經》說：「佛語心為宗。」那就是此處所要說明的。

為何稱為荷澤神會？因其住在洛陽的荷澤寺而得名。中國的唐朝有一相當有名的戰役——安史之亂，荷澤神會就是在當時以賣度牒的方式籌措了很多軍餉，幫助皇帝打敗了安祿山的造反，唐肅宗特地為他建造了荷澤寺，讓他在那兒大弘六祖惠能的宗旨，因此後來的人就叫他荷澤神會。

神會禪師俗家姓高，湖北省襄陽縣人，幼年時先跟家人及儒家老師學《詩》、《書》、《禮》、《易》、《春秋》五經。小小年紀就已是通達五經的儒家學者，又精通老莊的學問。因其讀過二十五史中的《漢書》，而從中得到了佛教的消息和利益，便到了國昌寺出家。出家之後，對於所有讀過的佛經，不但過目成誦，且對於經中的經義也隨即通曉，像這樣子的一位神童，大概就是菩薩再來吧。

他是六祖惠能大師晚年時候的弟子，見六祖惠能時，六祖已經很老，而神會當時的年齡只有十三歲，或說十四歲。神會初見六祖時，此時六祖大師不住在開講《壇經》的法性寺，而是在廣州曹溪的南華寺了。當他看到了這一個從湖北來的小沙彌，就問他：「知識遠來艱辛，還將得本來否？若有本則合識主，試說看。」意思是：這位善知識遠道而來，辛苦啦！你究竟帶了什麼東西來呢？如果你已經把你本來的那個東西帶來的話，你一定認識你的主人是誰？你試著告訴我那是什麼啊！你說給我聽聽看。

請問諸位！六祖大師問的是什麼？其實他問的就是「自性」。

神會這個小沙彌對答如流，他說：「以無住為本，見即是主。」

「無住為本」是《壇經》裡六祖大師講的一句話，可是六祖講《壇經》時，神會根本未在場聽講，卻能夠回答：「以無住為本。」這裡的「住」是什麼意思？並非有房子住或留在某個地方叫作「住」，而是《金剛經》所講的「應無所住而生其心」。「應無所住」是不在乎、不牽掛、不執著、無分別、都很好，沒什麼不好，也沒什麼更好，心已得解脫自在，但是仍有功能，有作用。也就是心中沒有煩惱、沒有執著，卻有智慧。

「見即是主」，就是《金剛經》所講的「而生其心」之意，「生其心」是心中雖然沒有執著、沒有分別，不在乎得失利害、好壞、喜怒哀樂，可是心中有智慧，還是可以有作用的。

「見即是主」，可有兩種意思。第一層意思是說，對於已經開悟的人，智慧在發生功能的時候，「主」就在那兒，智慧不發生功能的時候，無所謂主不主。第二層意思是說，對於尚未開悟的人，「見」就是「主」，他有一種見解、看法，這都是執著心；那是沒有開悟，也未得解脫。有見解、有知見，那是凡夫知見，就變成了自己的主，這裡說的「見即是主」，是講的智慧。

《金剛經》所說的「應無所住」就是「無住為本」，「而生其心」就是「見即是主」。為什麼心還能生起來？那個心不是煩惱，而是智慧的功能，不是煩惱的執著，不是利害、多少、人我、是非、爭長論短，而是自然的智慧的反應，該怎麼做就怎麼做，應怎麼說就怎麼說。

惠能大師聽到這小和尚語出非凡，於是又說了下面兩句話：「這沙彌，爭合取次語？」

惠能大師是因為聽到《金剛經》「應無所住而生其心」開悟的，而神會禪師這時不知是聰明呢？還是真的也開了悟呢？他也套用六祖惠能大師開悟的那種境界，以重複的話語來告訴惠能大師，且自認為已經把《金剛經》裡面的意思講出來了，所以惠能大師聽到以後說：「嘿！這個沙彌，你怎麼講第二等的、次一等的語言？為何不說上等的、最高明的話呢？你沒有自己的話，而把人家說過的話也拿來再講一次，這是拾人牙慧呀！」

神會於是說：「和尚坐禪，還見不見？」

「和尚」就是「大和尚」，即尊貴的老師之意；一寺之中主持、弘法、領眾共修的方丈稱為和尚。一個寺院之中，只有一位和尚，其他的人只能稱為「阿闍黎」，不能稱為和尚。在我們農禪寺只有我聖嚴一人是和尚，其他的法師可以稱為「某某師」，那叫作阿闍黎。

神會可能是調皮，他反問：「和尚，你坐禪的時候是見呢？還是不見呢？」也就是說：「你在坐禪的時候，你的心是有功用呢？還是沒功用呢？是在動？還是不動的？是用心呢？還是不用心？」這句話問得實在非常地巧妙。

惠能大師便以柱杖打神會三下，說：「吾打汝，痛不痛？」

惠能大師不再講話，拿起拐杖打了神會三下，然後再問：「打你三下拐杖，痛呢？還是不痛？」也就是說：「你挨打的時候，覺得有痛與不痛的『受心所』在活動嗎？」意思是說：「心裡頭動或不動？有功能或沒有功能呢？」

可是神會答道：「亦痛亦不痛。」打在身上是痛又不痛，這是模稜兩可的回答，意思是說：「有痛的，但是痛了以後，沒覺得恨、愛、瞋、懷疑等念頭。」一般人在挨打了三棒之後，頭腦裡一定會轉很多圈：「我挨打了！痛！打冤枉了！」又會猜測：「到底什麼道理打我？」這是煩惱心，不是智慧，所以神會講「亦痛亦不痛」。

於是六祖惠能大師說：「吾亦見亦不見。」意思是：「你問我坐禪的時候，見還是不見？我現在告訴你，我也見也不見。」

為什麼說「見也不見」？「見」是心中有反應，坐禪當時見到心裡產生的反應；「不見」是反應過就反應過了，反應之後不再留下任何「我」的痕跡，沒有留下我貪、我瞋、我癡、我疑、我慢等種種煩惱，這就是「見也不見」。

神會問：「如何是亦見亦不見？」

然而神會並未饒過惠能大師，還要再問：「那請問和尚如何是亦見亦不見呢？」因為那時神會沒聽過六祖惠能說法，所以要問。於是惠能禪師回答了下面一段話：「吾之所見，常見自心過愆，不見他人是非好惡，是以亦見亦不見。汝言亦痛亦不痛如何？汝若不痛，同其木石，若痛則同凡夫，即起恚恨。汝向前見不見是二邊，痛不痛是生滅，汝自性且不見，敢爾弄人！」

神會可能已經在其他的地方看過或聽過六祖大師所講的法，對佛經道理也懂得很多，因此他用似乎已經開悟的人的語言來跟惠能大師對答，而且還自信滿滿。可是惠能大師能夠體會到這小孩只是聰明，並沒有真正的開悟，因為這小沙彌用的語言都是人家用過的而不是自己證悟的，其見解亦都是已經在經典裡，以及六祖自己的《壇經》裡有過的開示，所以這個小孩並沒有真正地開悟，因此告訴神會：不要好高騖遠，不要自認已經得到像《金剛經》所說的「應無所住而生其心」的境界。

惠能說：「我所見到的是自己心裡的過失。」惠能這樣已經大悟徹底的人還有什麼過失？意指心中凡有所動，心中有妄想相閃過的時候就叫作過失。他說：「我的所見是常見自己的過失，而不見他人的好壞。」這「我」是以惠能大師代表神會，惠能大師教神會應做如此觀，做如此體驗，做如此理解。一個修道的人，應該如此，所謂「靜坐常思己過，閒談莫論人非」，就是又見又不見。「見」是見到自己的過失；「不見」是不見他人的過失，這是修道人基本的修養。這並不是惠能大師說自己的境界，他是告訴人，你要修道或正在修道的時候，應該如此。大徹大悟之後，那又是另外一種境界了。

惠能問神會禪師：「這個小沙彌，你說你也痛也不痛，如果不痛，那你不是一顆石頭、一塊木頭嗎？如果是痛，那不是跟凡夫一樣了嗎？不是要起瞋恨心了嗎？你剛才講的這些見不見、痛不痛，都是在執著，不是執著這一邊就是執著那一邊，都是一種生滅心，也是生死心。有沒有、痛不痛、見不見，這都是分成兩極來談論問題，是二邊見，不是中道見，不是真正的空慧，所以還是凡夫。你連自性都還沒見到，還敢跑到我面前來耍弄我啊！該要挨打！」

神會禮拜悔謝。

講到這兒，神會知道自己錯了，所以趕快拜了幾拜，求懺悔，說：「不敢不敢。」

這就是神會禪師初次拜見六祖大師的一段對話。

神會禪師於九十三歲時圓寂，也有人說他七十五歲時圓寂，但根據大多數的資料仍舊推定他是九十三歲才圓寂的，比較合理。

南方的禪宗——南宗禪，本屬於廣東曹溪，後來也由神會禪師帶到北方去，就變成了北方的荷澤宗，這與神秀所傳的北宗禪對比，稱為南宗禪。

第一篇

無念與真如

無念為宗

無念為宗，無作為本。

《壇經》裡講到「無念為宗、無相為體、無住為本」這三個名詞，神會禪師則把「無念為宗」這四個字做為〈顯宗記〉的主體，而將「無住」改為「無作」。

何謂無念？念，有正念、有雜念；但不論正念或雜念，從禪宗和禪修的立場來看，都是妄念。「正念」是統一的妄念，是用方法來用功，念念「念佛」是正念，念念「數息」是正念，念念在「參話頭」是正念，念念用「默照」也是正念；所以念念不斷在方法上都叫作正念。

那麼「無念」呢？即所有一切的念頭全部擺下來，正念也好，雜念也好，全部擺下，這叫作無念。如果還有念頭在用方法，不管是正念、雜念都是妄念，所以這個人仍是尚未徹悟，必定要用方法用到無方法可用，沒有念頭起伏，只有朗朗乾坤，有念等於無念，此時可以用「山河粉碎，大地落沉，身心蕩然」來形容，此時的心中，點塵也無，不執內、不著外、不執有，也不執空，這種非常寧靜的、自然的、智慧朗然的狀態就是無念，即明心見性的狀態，所以說「無念為宗」。

無作為本的「作」是造作的意思，在《圓覺經》裡有提到「作、止、任、滅」幾個名詞。「作」就是心有運作；「止」是不讓心動；「任」是讓心放任；「滅」是把心念滅掉。這四種都是禪病，都是修習禪定、修學禪法的人的大病。這「無作」，即不要作意，不要造作，亦即不要將心待悟，不要用心來修心之意。如果認為開悟是要從修行而完成的，不論用心來修心也好，用身體修心也好，都是「有作」；正在拚命地修行，希望要悟，是有作；希望等待著自己將來要悟，也是有作。

無作是不要存心希望得到什麼，那麼是不是說什麼事情也不需要做呢？《壇經》講到「憎愛不關心，長伸兩腳臥」，那也就是無作。瞋和愛都與你沒有關係，心中無罣礙，不受瞋心所動，不受愛心所牽。心裡面沒有得失、利害、是非、善惡、好壞這些東西的痕跡，做一個無事的人，心中任何事都沒有，能夠這樣子的話，就是明心見性了。

有人說：「我要發一個願，願我開悟。」這算不算有作？算！所以此地講「無作」是站在已經開悟的人的立場來告訴別人：「第一要無念，第二要無作，這樣就能夠開悟。」說起來簡單，做起來不容易。開始的時候，還是需要有方法，以正念來代替雜念，那就是有念的；所以還是要有作，要發願，要剋期取證。

另外，「無作」還有另一層意思，是說明心見性的那個性，不是經由人工修行來完成的，佛性這樣的東西，不是用任何方法去把它襯托出來，或者是發現到的，或者是製造出來的；它從無始以來，就和我們在一起，我們出生它也跟著出生，死亡後它也跟著我們一起走，身體雖然沒有了，而佛性並未離開，它是永遠跟我們在一起的，並非因為聽聞佛法、修行佛法才有佛性的。

佛性本來就在，不是由於後天的造作而有的，這是加強一切眾生的信心，任何一個眾生只要願意相信佛性根本就是一直跟我們在一起，那麼信心就建立起來了，一定有成佛的可能。

並不是因為有智慧才開發出佛性的。所謂有智慧，只是煩惱去除了，就是智慧的顯露。一般人講增福增慧，以為智慧好像水一樣，是可以加，可以添的，其實這個觀念是錯誤的；實際上，並不是能增加一些智慧，而是只要減少一分無明煩惱，就多顯一分智慧，也多見一分佛性。所以「無作為本」的意思就是：佛性本來就在那個地方，不是因為我們修行、學佛才有的。

真空妙有

真空為體，妙有為用。

這是如來藏的根本思想，所謂「真空不離妙有，妙有不離真空」。真空即是妙有，妙有即是真空，二者是一，不是二。

「體」是什麼？就是指的理體佛性，是眾生本來就具備的自性，一切眾生皆有的佛性。而佛性、自性、本性，就是空性，這空性並不是等於空空如也，什麼也沒有，而是不離於一切現象，不限於任一現象，遍於一切現象，又不等於一切現象；哲學家稱之為本體的東西，與我們佛教講的理體又不一樣，哲學家講的本體，是形而上的理則，而佛學講的理體，是不離現象的。

有一位禪師，在歐美非常受歡迎，他都讓那些弟子們感覺到他們是開了悟的，他怎麼樣讓他們感覺到開悟呢？他說：「老師問你佛法是什麼？你不能夠回答是什麼。如果老師問你見到了什麼？你不能回答老師見到了什麼。一切都不能夠用嘴巴講。」但是怎樣表達呢？他說：「不管你在什麼地方，你就拿起手掌『啪』地一拍，這個就是。」所以我在歐洲、美國演講的時候，常常遇到這位禪師的弟子、學生，假如我問一個問題，說：「這個話你們能夠理解、體會嗎？」總是有一、兩個人把桌子一拍，拍得好響，如果沒有心理準備的聽眾，真會被他們嚇一跳。拍得很大聲，表示他是開了悟的、見了性的，他們自信滿滿。其實哪會有這麼多人開悟，哪有這麼容易開悟呢？那是一種表演而已。不過，當下即是，而處處都是，樣樣都不是，沒有一個是，沒有一樣不是，是的確沒有錯。

當初我遇到先師靈源老和尚的一個晚上，同在一間佛堂掛單，睡於同一張廣單（通鋪）上，他也是用這個方法對付我的，我問他很多問題，他一句話也沒有回答，後來他突然在廣單上「啪」地猛拍一下，把我驚出了一身汗，然後他睡覺了，這樣一來我把問題擺下來也睡覺了。放下一切，自性本空，還有什麼好問的？

這裡所說的「體」是真空為體的「體」，即是無一法是離開真空的，那也可以說無一法是離開了體的，那個體就是佛的本性。任何人都有個身體，那麼法的體，或佛的體是什麼？不是具足三十二相的佛的肉體，而是以真空的法性為體；於佛的三身之中，叫它法身；於一切諸法，叫它法性；對一切眾生，叫它佛性。

它另有個名字叫作「真空」，真空是對頑空及偏空而言，一般人講的空洞、虛空，是幻空，真空則並不否定緣生的幻有。譬如說，一切現象都是因緣生，因緣所生的種種現象，又都會因緣而滅，都是暫時有而畢竟皆空的。但是現象的本身，你能說它是空嗎？不能，它是有的。像我手上拿了一支紅筆，它是因緣所生，是種種的原料把它組合成的，這支筆是真的嗎？現在我拿在手上是真的。本來有嗎？沒有；將來有嗎？沒有，只是現在暫時有，既然是暫時有，而不是永遠有，這就是空。如果僅見其空而不見其有，若不是頑空，便是小乘的偏空、析空。

我們的身體是有呢？還是沒有呢？不能說沒有！是真的有嗎？原來就有嗎？在未出生之前你的身體已經有嗎？有，在媽媽肚子裡面；在媽媽肚子裡以前有嗎？沒有，而且沒有人可以永遠活下去的，所以此身是幻非真。就是尚在人世間生活的時候，我們的身體，也天天在變，時時在變；天天在老，時時在老，所以這個身體雖還活著，但已不是真的。

一切現象不管是動物、植物、礦物都是非永恆，自性本空，那就是佛性，就是法性，自性空而佛性不空，所以稱為真空而妙有。真空的諸法自性，充塞於宇宙之間，充塞於十方三世，盡虛空、遍法界，沒有一個時間它不在，沒有一個空間它不在，這就叫作體。

當我們沒有開悟見性時，老是圍繞著這麼一個小小身體的我，和這麼一個身體所處的小小環境打交道、起分別、生執著，時常你爭我奪，放不下、丟不開，時時有煩惱，處處遇困難，這都是庸人自擾，多麼可憐！

當我們一旦開悟、見佛性，就會見到這個世界本來就是太平的，沒有什麼需要爭，沒有什麼需要丟；不來也不去、不多也不少、不增也不減、不淨也不垢；本來就沒有一樣固定的東西叫作理體，所以叫作真空。佛性是遍於十方三世而又不滯於十方三世，這叫作真空，又名妙有，這是大乘佛法的畢竟空、真實空，實相即是無相，又不離一切相。

相對於「真空」，還有「頑空」、「偏空」幾個名詞。一般人講的空空如也的空，那是幻滅、虛幻的，把一切都否定掉，也就是「頑空」，這很可能使人變成消極、逃避、厭世，或使人變成積極、瘋狂、亂世。

至於小乘所見到的空，叫作「偏空」，他們離五蘊、出三界，離六根、六塵、六識的十八界，不再造業、受報而進入涅槃，也就是出離三界的生死輪迴。因他們只斷我執證人空，未斷法執未證法空，還沒有實證二空真如，所以未得真空。唯有進入大乘菩薩的層次，我執斷則不戀生死，法執斷便不厭生死；既不貪戀生死也不厭離生死，這才叫作真空。可是有一些外道似是而非，講：「空而不空，不空而空；有而不有，不有而有。」聽起來好像有道理，好像是佛教講的真空。其實不是，那是一種錯誤的邏輯、推敲的說法，並不是真正的實證無相的空性。

「妙有為用」的「有」是什麼？是有佛菩薩的智慧及慈悲的功用，佛有三身四土，每一種身都有他的淨土，在每一種淨土裡面都能度無量眾生、轉無量法門。諸佛的這三種身，是從哪裡來？都是從真空的體而來的，在真空的體中，含有如來的三身四土及無量利生的方便。

三種身：第一是法身，第二是報身，第三是化身；三身是圓融的、互通的。法身不離報身和化身，報身不離法身和化身，化身不離報身和法身。這三種佛身顯現的對象、時機、功能不一樣。

法身遍於一切法界、十方法界；法身所居的叫作法性身土，法性身土在哪裡？遍於十方三世一切空間和時間，法性所在就是法身所在，法身所在就是其國土所在。法性身土又叫常寂光淨土，「光」是智慧、常寂，是永遠不動而永遠普遍的。

報身是什麼？是佛的功德果報身，誰見得到佛的報身？是初地以後已證無生法忍的菩薩，這時所見的、所聞的，全是佛的報身功德。有沒有一定的形相呢？隨著十地菩薩層次的高下不一，所見佛的報身也不相同，但不是三十二相。報身又有自受用的報身，以及他受用的報身；自受用的報身，就是諸佛成佛以後，自己自受用，這報身實際上其他人看不到；而他受用報身，是顯現出種種佛法的功能，使得初地以上的菩薩們，得到受用利益。所以報身說法不用語言、不用文字，隨處都說，所謂「鬱鬱黃花，青青翠竹，山河大地，無一不是如來的功德實相」。這可以說是指佛的報身說法。又「生公說法，頑石點頭」，是指有情無情同圓種智，如果說「頑石說法，生公點頭」，那就變成報身說法。

報身住什麼淨土呢？實報莊嚴土。由佛自己的功德身所成土，也就是成佛以後所見的山河大地，就是佛國淨土，所以，《維摩經》中有提到：當釋迦牟尼佛自己成佛以後，或當你成佛以後，你看到的娑婆世界、五濁惡世，就是佛國淨土，山河大地，都是七寶所成，你看到的每一位眾生，都是諸善上人。

化身又叫作應化身，意思是隨類應化，眾生需要以什麼身來度，他就現什麼身來度；應以丈六紫金身來度，就顯現丈六紫金身、三十二相、八十種好的大人相來度眾生；如果需要餓鬼身度，就現餓鬼身去度，所以釋迦牟尼佛有千百億化身，可化為千百億個釋迦佛身；事實上釋迦牟尼佛是毘盧遮那佛、盧舍那佛的千百億化身之一，觀音、文殊等大菩薩，都是古佛所現，也各現種種身。

釋迦牟尼佛的法身是不動的，但是可以化無數無量的身，是誰的化身呢？是佛的法身的化身，是佛的報身的化身，這叫作「一體三身」。至於開悟見性的人見的是佛的哪種身呢？見性是見空性、佛性、真性，未必已證無生法忍，若係凡夫，仍只能見佛的應化身，或是諸佛同體的法性身，卻見不到佛的報身。

天台智者大師說，淨土有四種：1.凡聖同居土——有兩類：(1)閻浮提為凡聖同居的穢土。(2)兜率內院及西方極樂世界是凡聖同居的淨土。2.方便有餘土——小乘羅漢死後，未入無餘涅槃，暫住三界外之淨土，斷盡三界煩惱即生此土，因為尚餘有根本無明，障覆中道實相，所以稱之為方便有餘土。3.實報無障礙土——已斷一分無明的菩薩，已獲真實道之果報，所以生在無礙自在之國土。4.常寂光土——全斷根本無明的佛所依處，這是常住、寂滅、光明之佛土。

如何以佛的三身配此四土？根據上面所說的可知，凡夫及小乘聖者於凡聖同居土及方便有餘土，見佛的化身；已斷一分無明的法身大士，即初地以上菩薩，於他受用的實報土見佛的報身；諸佛於常寂光土互見法身，或自受用的報身。

這三身四土又叫作妙有，是有的，但有功能，沒有執著；有功德，沒有煩惱，這就叫真空妙有，即是「真空為體，妙有為用」。

實相無相

夫真如無念，非想念而能知實相，無生豈色心而能見？

真如即真空，也即是實相，因為真空的智慧，能知實相，真空與實相，一個是體，一個是用。真空是用，實相是體，體、用又是什麼呢？以毛巾為例，毛巾本身是體；毛巾能擦汗，能吸水，能清潔，都是用。而真如是什麼呢？在《起信論》裡，將心分作兩門：一個是生滅門，一個是真如門。生滅的心就是妄念、妄想，我們平常所體驗到的心理活動、心念的現象，都是妄想心。真如心是不生不滅的，是智慧的功能所依。

因此，所謂真如無念，不是說一個人開悟成佛之後，他的心沒有作用、沒有功能；大徹大悟以後的祖師，他們能夠應機說法、觀機逗教，隨著眾生的需要，而恰到好處地給他們開示，這不是虛妄的生滅心，而是智慧。所以真如可以說是智慧心的所依，智慧是真如的能依，這「心」跟有我見、我執的煩惱心不一樣，是無我的智慧所依，這叫作真如心。

「真如無念」，《壇經》也說「無念為宗」，是「於念而無念」，「念念之中，不思前境。……於諸法上，念念不住」。又說：「於諸境上，心不染曰無念。」可見這「念」的意思是妄想執著的心，起心動念無非是妄，那不是真空，真空是不動的，但能顯現千變萬化的功能；它自己是不會變的，卻因眾生的需求，而產生救濟無量無邊眾生的功能。所以菩薩能夠有大慈悲、大智慧度眾生，而不是用的虛妄雜念。兩者的差別在於，一個是以自我中心為活動，這是虛妄的生滅心；一個是將自我消融之後所產生智慧的功能。眾生不知道真空，真空其實就在妄念之中，如果去除妄念中的自我執著，就能體現真空。

真空本身即是無念，而非想念所能揣摩得到的，沒有固定的形相，不可捉摸，也不可能透過語言文字去了解它。

實相是真空的體，是無生法門，也是無相法門。「無生」的意思是一念不生，心中不起與任何染心相應的意念叫無生。無生也是無滅，也可以說是不增不滅。我們用五官或五根、六識所能接觸、所能想像的，都是幻相，都是一些因緣所生的種種物質相。除了物質的現象之外，對於精神體所謂的靈、鬼、神、精、氣等，因為無法捉摸、神出鬼沒，感覺好像有這樣東西，要抓它，卻抓不到。所以唯物論的科學家們在束手無措之餘，就只好否認它，因為無法拿出具體的事實來證明這些東西，就以為它不存在。凡是不能以物質的量體呈現的東西就說它沒有，這是非常不合理的。一般人連精神相都無法了解，何況無生的實相。

不過這裡所說的「實相」，並不等於精神體的靈、鬼、神等，乃是超物質、超精神，而又不離精神、不離物質，這叫實相。有物質、有精神都是生滅法，物質、精神都在變遷，我們稱物質變遷的現象為成、住、壞、空；稱精神體或心念的變遷叫生、住、異、滅；在生理的現象叫生、老、病、死。這些都還是可以用語言去講的、去體會的。

可是實相無相，真如無念，也是非生滅的。那非生滅相是什麼相呢？無生就是寂滅相，寂滅就是無生，寂滅就是不動的意思。不動實際上就是空，就是絕對的、畢竟的空相。《仁王經》卷上云：「一切法性真實空，……無生無滅同真際。」諸法的真實空相，是絕對的空，不是相對的空，是超越於空與有的空。「無生」就是絕對超越於生滅現象，像這樣的實相絕對不是用我們的眼睛可以看到，也不是用我們的「色心」所能見到的。

「色心」是什麼呢？於《仁王經》卷上有提到：「色心是眾生根本。」色是有質礙形體的被知覺者，心是能知覺形質者，對諸法而言，稱為色心，對有情眾生而言，稱為身心。色是色法，心是心法，色心相對，能夠見聞知一切法。由於真空的實相，不是色法也非心法，所以不是色心能見。

例如我現在用的語言符號、聲音，被認識心懂得了，便是色相能知；顏色的形相，被認識心看懂了，便是色心能見。凡是根塵相對而被心識認知，便稱為色心能見。由於真空無念，實相無生，非物非心，所以不是色心之所能見。

「豈色心而能見？」所謂色心，一定是緣物質形相而生起的虛妄分別心，因此無生之法就不是色心之所能見。這色心就是以我們的生滅虛妄心，攀緣生滅的虛妄境；無生的實相是真空，而不是生滅虛妄法。

無生實相

無念念者，即念真如；無生生者，即生實相。

《壇經》云：「悟無念法者，見諸佛境界；悟無念法者，至佛地位。」又說：「若見一切法，心不染著，是為無念。」所以此處要說，無念之念是念真如。

《壇經》云：「若悟無生頓法，見西方只在剎那。」又當永嘉玄覺見六祖，六祖問他忙什麼？他回說：「生死事大，無常迅速。」六祖開示云：「何不體取無生，了無速乎？」所以此處要說，無生之生，即生實相了。

此處的「無念念者」，是說無念並不等於木石無心，並不同於無情眾生，沒有心的反應；無念之時，依然有智慧的功能，它的作用不是煩惱分別度量，而是念的真如空性。此處的「無生生者」，是說無生並不等於死灰枯木，了無生機，並不同於磚瓦沙石，沒有生息；無生的當下，不礙諸法生滅，只是不住於生滅，而自體即是實相，故稱為「即生實相」。

這都是悟後的境界，悟入真如無念，實相無生。其實悟後所見的世間，四大、五蘊、十二處、十八界，也就是我們自己的身心，以及身體所處外在的環境等活動現象，照樣都在，只是若能不受其愚弄困惑，當下的見聞覺知、山河大地，無非真如實相，所以既是無念又是無生。

又所謂「三界唯心，萬法唯識」。唯心與唯識，一個是真如平等心，一個是生滅虛妄心；兩者本屬同源，離煩惱名為真如心，在煩惱名為業識心。從凡夫的立場說，因為造種種業，就得種種果報。造業是誰造？由虛妄心所造。此心若動，身體、嘴巴也會跟著動。身、口、意三種行為，能使我們造種種的善業與惡業，造善業讓我們獲得人天福報，也就是依正二報是善的；正報是身心，依報是身心所處的環境。造惡業得惡報，得惡劣的身心和環境，即依正二報都是惡劣的，最壞的果報是下三途的畜生、餓鬼、地獄。

真如心，有兩種解釋：在唯識宗的立場而言，真如是轉八識成四智之後的真性，是絕對清淨而不會隨緣變化的。從《起信論》的立場說，真如即是如來藏，它有不生滅及生滅二門，故有隨緣的功能，隨淨緣稱為心真如門，隨染緣稱為心生滅門，生滅與不生滅的和合，稱為阿賴耶識。因此若依《成唯識論》，真如心不能造萬物，唯八識造業受報。此處的唯心及唯識，同時並舉，應依《起信論》的觀點解釋：真如心在染是生滅的凡夫心，在淨是不生滅的聖者心，凡夫是依識造業受報，聖人是因應眾生的悲苦而隨染緣度眾生；所以不論凡聖，所感任何世界，都是唯心唯識。

因此，「無念」、「無生」，都是已經徹悟了的人，沒有一般人的分別、攀緣、得失等種種虛妄雜念，但有無漏智慧運作度眾生的功能。

經常與不生不滅的清淨真如相應，故稱「念真如」。釋迦牟尼佛成道之後，唯念一切諸佛及一切眾生的真如心，所以處身人間，即在人間說法度眾生，若到天上即在天上說法度天人，到任何地方顯現，都能讓那裡的眾生獲得法益。眾生看到的佛的身體，雖有動作，但他的真如心是不動的，可是智慧心是有的，那就是依真如而起的智慧。「無生」生於實相，也能使眾生生起實用，若於生滅的煩惱虛妄心滅盡之時，實相的真如心自然顯現。

無生亦無相，但不等於虛無抽象而不可觸摸，乃是在實證無生法忍之後，所處的一切環境、任何一種現象，都未離無生無相的實相。眾生有妄心起妄執，所見是妄境幻相，聖者斷妄心除妄執，所見一切相，無非一實相。任何一種現象離不開實相，實相遍在，窮三界遍十方，但不占據任何固定的時間、空間的位置，故稱實相無相而無不相。

一個開悟的人，你若問他：「悟境如何？」他可能喝一口水，然後對你看一看，什麼也不說。如果你問他：「佛陀說的法哪些是重點所在？」他可能就拿根草給你，也可能拿一朵花給你，你能體會嗎？這就是「無念者念真如，無生者生實相」了。

只要能使你產生無漏慧之功能的都叫真如，只要你對你所接觸的一切現象不起分別虛妄我執相，都叫見到實相。由佛的角度看迷者，迷者所見的世間一切現象都是虛妄相；從明心見性的悟者角度來看世間，世間一切現象無非真如，無非實相。

第二篇

無住與涅槃

無住而住

無住而住，常住涅槃。

《壇經》講到「無住為本」，《金剛經》也講到「應無所住而生其心」，也就是「無住生心」。另外，《壇經》又講到「心不住法，道即通流；心若住法，名為自縛」。也就是說心能不起執著、不停留、不被任何一種現象所影響、束縛，即名無住，否則，就被自己的虛妄心困住了。

所謂十方常住、十方僧。我們出家人是道場裡的住眾，故稱為常住眾。「常住」是道場之意，什麼是「道場」？幾間房子叫作道場嗎？不是，世間沒有一樣東西是能夠永遠常住的。大陸上的許多名山古寺拆了又建，建了又拆，成、住、壞、空，這就是世間的無常現象，沒有常住不變的，可是為什麼道場被稱為常住呢？

「道」是無聲、無臭也無相，不占時間，也不占空間，那就是涅槃、寂靜、無相，前述的真如、實相，也都可以說是道場；因此，《維摩經》裡面講到「直心是道場」，心直就是道場，意思是說心中沒有人我是非、善惡好壞的執著，那就是住於道場。當釋迦牟尼佛成佛之時，叫作成道，又叫坐道場；而釋尊成佛的那個地方是菩提伽耶，梵文的「伽耶」（gayā）翻譯成中文即「場」，而菩提就是道的意思，所以菩提伽耶就是道場，是為紀念釋迦牟尼佛在那裡成道。

釋迦牟尼佛雖然是在印度伽耶的菩提場成道，但只要是釋迦牟尼佛的「法」所在之地，聞法等於見佛，就是佛的道場，就是能使人修行佛法的地方，也有可能成為修行人悟道、成道的地方，所以我們現在稱呼寺院為道場，又稱為常住。

但是真如無形、無相、無色、無味、無住，是絕對的解脫自在。因此，我們要修行，先要以般若的空慧體驗「無住」，才有可能體驗到涅槃體德的畢竟常住。佛法先要指出凡夫眾生住於有，小乘人住於空，而得大解脫的諸佛菩薩，既不住於有，亦不住於空，這即是無住。

何謂「無住而住」？意思是說，雖然不是常住，但還是有暫住的功用，也就是慈悲和智慧的功用，無住而住是住於常住不變的實相。這跟一般眾生有執著、有自我價值觀的判斷及是非取捨的執著心不一樣。

我們把佛法的功能稱為慈航普渡，能在生死大海中，讓眾生爬上佛法的大船上去，渡過煩惱生死的苦海。這時的凡夫是有住的。

不過，佛也告訴我們：法無定法，一切法都是方便門，所以方便的佛法是有為法，既是方便法就不應住於法，唯有真空的實相法，才是無住而又常住的。禪宗頓悟法門，一開始就不假方便，那也是真方便。如果欲得無上佛果，必須捨去一切方便，直探佛陀本懷。例如《法華經．方便品》：「正直捨方便，但說無上道。」若論無上佛道，必捨大乘方便，二乘及人天乘方便更不用說，尤其當遠離邪知邪見的邪方便了。

但是凡夫用次第禪法修行的時候，必須先住於習禪的方便法，修行到頓悟的最上禪法之時，必須像是筆立千丈懸崖，一切把捉不得，如同《金剛經》所說的：「如筏喻者，法尚應捨，何況非法？」也就是說，一般漸修漸悟者，首先要上船，然後到了對岸的時候要下船，不可以不離船，如果到了對岸，你還賴在船上捨不得下來，那就不得解脫、不得自在。

若論頓悟的心法，就連佛法也不要，因為一切法都是佛法，一切法也都不是佛法；當你發現一切法都不是佛法時，才能發現一切法都是佛法，而不執著一切佛法，名為「無住」。然而，如果一開始連船都不想上，還沒上船，就說自己已經不需要船了，這是不行的。當尚未上路之時，還是要選擇第一義諦的佛法，否則會聽到說，一切法都是佛法，結果就學外道去了；外道也會說，既然一切法都是佛法，那為什麼不能學我們的法呢？那是邪知邪見的邪方便法，不是正法，學不得，例如印度外道共有六十二見，均非正法。

那麼，要以什麼渡過生死煩惱的苦海呢？是要以了義的佛法為基礎。先用正信、正確的正法，然後把那個對正法的執著心放下，才能見到一切法都是佛法，也都非佛法，那才是捨舟登彼岸，入無住處涅槃，也就是住於「常住涅槃」，經常住在涅槃的意思。

涅槃即寂靜，不生不滅。凡夫的虛妄心念念在生滅，肉體的生命也經常在變異，所以未入涅槃。由於釋迦牟尼佛的肉體，最後在娑羅雙樹間死亡進入涅槃，使得很多人誤認為涅槃就是肉體的死亡，其實不然。

「常住涅槃」的涅槃，各宗有不同的解釋。從小乘的立場言，所作已辦，不受後有，證阿羅漢果，即入有餘依涅槃；當其肉體死亡，便入無餘依涅槃。從大乘立場而言，變易生死的因盡名有餘涅槃，變易生死的果盡名無餘涅槃。若就大小乘相對而言，小乘阿羅漢入有餘涅槃，大乘佛果入無餘涅槃。

法相唯識宗以為，定性二乘入無餘涅槃，畢竟都滅；不定性之二乘及佛，入無餘涅槃，其實不滅；二乘人離分段生死，謂無餘涅槃，佛息應化身而歸本真身，是無餘涅槃。

若論三論、天台、華嚴諸家而言，並無定性之二乘，畢竟都會成佛，但是息妄歸真，攝化歸本，即是無餘涅槃。禪宗所言，同於天台、華嚴，故其常住涅槃，若得心無罣礙，即是涅槃相；例如《法華經．方便品》云：「諸法從本來，常自寂滅相。」並不是以肉體死亡為涅槃，也不是從此不再生到眾生群中為涅槃。此在唯識宗又稱為無住涅槃，盡未來際利樂眾生，對於生死及涅槃，無厭無欣，也就是此處的「無住而住，常住涅槃」了。

小乘涅槃，是去除煩惱而悟得無漏的智慧，證得阿羅漢，他們在生前也會以慈悲心度眾生，但身死之後，便不再用這智慧利益眾生，故被大乘佛教稱為灰身泯智，乃是厭離生死而欣住涅槃，所以被稱為只管自利自了的小乘人。依唯識之說，有定性二乘，那些人入了無餘依涅槃，就永與世間的眾生絕緣；若依《法華經》之說，二乘涅槃，猶如酒醉，畢竟會醒來迴小向大，進入佛乘；禪宗也信眾生皆能成佛，故與華嚴、天台宗相同。

常住涅槃的另一層意思，是活著的時候就進入涅槃，死後也不是不再投生，可以乘願再來。乘願再來的時候，雖然以凡夫身再來，以人間身出現，但聖者知他是聖者，凡夫看他是凡夫，即所謂「大權示現」。例如《華嚴經》的善財所參五十三位大菩薩，各具不同的身分，《法華經．普門品》的觀音菩薩現三十三種身分。有大智慧就有大方便，雖在人間出現，卻不受人間的種種逆境所困擾，也不受人間的種種五欲所誘惑；沒有煩惱的心生起，也沒有煩惱的心可滅，這即是常住涅槃。大權示現的高僧大德、菩薩與佛，經常以種種身分出生入死來度化眾生，也即是常住涅槃。

無行而行

無行而行，即超彼岸。

「無行而行」和「無住而住」是相對的。住是不動，行是有所動作。普賢菩薩稱為「大行」普賢菩薩，我們法鼓山的義工群稱為「萬行菩薩」；因為修持六波羅蜜叫作六行，而六度含攝萬行，所以細分也叫作萬行，另外也有三千威儀八萬細行之說。可是在《壇經》裡卻說：「憎愛不關心，長伸兩腳臥。」像六祖這樣大悟徹底的人還有事要做嗎？他沒有自己的事，但他於四十歲時講出《壇經》，直到七十六歲涅槃，天天忙著度眾生，他臨涅槃的時候，還把他的重要弟子十人找來，叮嚀又叮嚀；也像釋迦牟尼佛成佛以後，他自己已經無事可做，可是卻辛辛苦苦花了四十多年的時間度眾生。像這樣都是「無行而行」，不為自己求名、求利而行動，只是以悲願心為度眾生而不辭萬行。

我常說，一個開了悟的人是：「你家有事，他家有事，我家沒事。」因為我家沒有事，而他家有事，你家有事，所以就專門為了無事而忙。因為自己沒有事，當然也就能夠挪出手來，挪出腳來，挪出嘴巴來，挪出身體來，到處去奔走呼籲，幫助這群人救煩惱火，幫助那群人救智慧命。因此，一個大悟徹底的人，叫作「無事道人」——沒有事情的修道人。也因為心中無事，所以他不會堅持執著我必須要怎麼，或者我絕不可怎麼，或者我不願意怎麼；只要眾生需要什麼，他都恰到好處地給他們支援、關懷、協助，使其獲得安樂的利益，這便是「無行而行」。我們雖然還未到心中無事亦無行的程度，但也應該學習著在修行的時候，心裡少一點執著，少一點牽掛，多一些悲願，多做有益於人的事。

每次我們農禪寺舉辦聯合祝壽典禮，在典禮上我都勉勵那些老壽星們：若要沒有病苦，就要少些煩惱。如何使得煩惱少些呢？我說：「少為兒女擔心，少為閒事嘮叨，要做一個笑口常開的老壽星。」因為他們已經年邁，不需為了生活及事業而忙了，還管那麼多的事做什麼？但是為了往生淨土，準備資糧，應當經常多念阿彌陀佛，應當老而不廢，能夠自己做的生活中的事，還是自己做；能夠多替他人做些義工的話，還是要廣結善緣；有機會給他人規勸、勉勵、讚美的話，還是要說。這樣也可以稱為「無行而行，即超彼岸」。

「彼岸」是從苦惱的此岸而到離苦得樂的涅槃境。許多人認為離開此岸的娑婆世界，才能到達彼岸的佛國淨土；在禪宗則認為只要心中無事，又能行於萬行利益眾生，即是超越此岸而登彼岸，不必等待死後往生佛國，也就是說在生前便能體驗人間也有淨土的安樂。

如如不動

如如不動，動用無窮。

這是悟後智慧的功能，也可以說是智慧的作用，無形、無相，不可用語言、文字來說明，超越有和無，活活潑潑的，妙用無窮。所謂「無窮」的意思，是不能用空間的體積、數量、方位及時間的久暫、繼續、快慢等來衡量。

「如如不動」，就是開悟以後所證的理性，「動用無窮」是能證的智慧。開悟以後的人所體驗到的理性，是無我的實相，是超越於有無之上的，所以叫作「如如不動」。為什麼叫作如如呢？就像本來這個樣，就照著本來的這個樣子超時空存在；沒有所謂動的作用的需要，也沒有所謂的自動和被動，因為它不屬於某一項物體，也未離開任何一法，所以永遠是不動的。如果要形容的話，不僅像是無限的太虛空，根本就是前面所講的真空，又如《心經》所說五蘊皆空的空，是即五蘊為空，空即五蘊，即空即有，非空非有的真空，此空是不垢不淨，不增不減，不生不滅的，所以它是如如不動的。但是此空不礙世間的一切，是法住法位，所以它又是動用無窮的。

佛的十種稱號之中，有一種名為如來，也就是如來如去如如不動，卻又擁有萬德莊嚴，神力自在，為法中王，妙用無盡。對佛而言，如來本無來去，也沒有想做什麼或者已經做了什麼，所以叫作如來。然對眾生而言，如能接受佛法，便會相信，也能體驗到佛是處處都不在也處處都在的；因為佛不執著諸相，所以處處不在，又可以隨類度化，所以處處都在。對眾生來講，佛是處處都在的，佛的功能也是處處都在的，時時都在的；但對成佛了的人本身來講，因為是無念、無住、無相，所以處處不在。這也就是智慧功能的殊勝，能夠遇長則長，遇短則短，遇小則小，遇大則大，遇方則方，遇圓則圓，因緣需要怎樣他就怎樣。雖然隨著眾生而有所不同，但他自己永遠不變；因應眾生而為器為量，而佛本身並非器量。

念念無求

念念無求，求本無念。

念字本為記憶所對之境而不錯妄；或做動心作意，例如《法華經．信解品》有云：「即作是念，我財物庫藏，今有所付。」一念是心之發動，遷流於三世，如前念、今念、後念。如果「念念」二字連用，則有極短時間、剎那之意，一念為一剎那，念念即為剎那剎那。

此處所云「念念」，應指每一念中，或連續的念念生滅中，均是「無求」。此處的第一個「求」字，是追取、貪得、尋求、需索的期待攀緣心；第二個「求」字，是願望、希望、立志、發心，例如學法名為求法，沙彌本義為求寂。做為一個禪門的行者，不能有追求心，不僅不得為名利求，也不得為安樂求，不得為果位求，不得為悟境求，不得為神通等求，故云「念念無求」，乃至如《維摩經》

所說：「不著佛求，不著法求，不著眾求。」但在初發心時，不能無願，到了大悟徹底之時，自然圓證無相、無作、無願的三解脫門。那時雖亦有求，已經不用作意，所以等於無求，因其已是念而無念，不落攀緣的意念，但有淨智的功能。

故在大悟之後的人，念頭一樣有，那不是為自己而有念，是因眾生需要而有念，例如《阿彌陀經》名為「一切諸佛所護念經」，護念不是妄念，乃是悲智的流露。對徹悟的人來講一念萬年，一念萬緣，不需要有念，念念都是相同，沒有什麼需要思量的，沒有什麼需要回憶的，也沒有什麼需要分別的，猶如水有千江，月只一個，千江確映千江之月，但江江不同而月月不異。因為是不可思議，所以用不到語言，用不到文字，用不到符號，赤裸裸的就是那個樣，只是為了眾生的需要，他要告訴眾生，要指示給眾生，所以需要用語言、文字、符號、知識、形式，用種種念頭表現出來，讓眾生看到他——跟眾生一樣用語言、文字、思考、思量、分別，但對他自己來講，是念念無求，求也無念。

對眾生來講，想求的東西太多了，求美眷、求子息、求盛名、求大利、求富貴、求權勢，佛教徒則求智慧、求解脫、求自在、求成佛。但開了悟以後的人，一切都是現成的，他已經沒事了，還有什麼要求的呢？其實，下等人為己求，中等人為他求，上等人則不為己求不為他求，一切時中接受人求，自己一無所求。我還算不得中上等人，比下等人略微好些。當十多年前我受張其昀先生之邀，由其位於臺北陽明山的文化大學，提供一層樓的空間讓我主持一個佛學研究所，不過所需的錢要我自己找，老師要我自己找，學生要我自己找；在那樣的情形下，我就要到處「求」了，求錢、求老師，還要求學生。

中國佛教徒遇到做法會，不論是為生者祈福，或為亡者超薦，都願意出錢；聽說建廟造佛像，也願做功德。獨獨對辦佛學研究所，除了少數人，大部分都很難勸動他們出錢，所以求錢很不容易；又，如果請不到優秀的老師，便招不到優秀的學生；如果沒有優秀的師資及學生，這個研究所要想培養出優秀的人才，就很難了；既然培養不出傑出的人才，募款辦學也會落空了。這三者幾乎是環環相扣，因此我是一路走過來，都在求人。

就以法鼓山的僧團而言，我有許多出家弟子，照理應該是讓弟子們求法的對象，其實，我經常是在懇求弟子們，珍惜已有的善根福德，繼續長養這份善根福德；每遇有弟子心魔出現，鬧著要還俗或搬離僧團時，我都會含淚相勸，不是怕自己沒有了弟子，而是憂慮他們失去了道心，喪斷了慧命。我求他們，對我有什麼好處嗎？我把時間投下去，把心血投下去，乃至把生命也投下去的目的，只是為了報恩，報答三寶恩、父母恩、眾生恩、師友恩、施主恩，此外別無所求。我尚未到完全不為己求的程度，在我心中的，都是為了提昇中國佛教的地位而求，為了改造中國佛教的形象而求，為了培育中國佛教的人才而求，為了給我們人類社會提供佛法的光明而求，為了扭轉佛教被誤為是迷信、消極、落伍、無知的印象而求。這到底是有求還是無求？沒有把個人的利害得失心放進去，也可算是「念念無求，求本無念」了。

「求本無念」，是有求的；「無念」不是沒有「心」的活動，而是沒有自私的分別執著，乃是智慧心的活動。《維摩經》也說：「若求法者，於一切法，應無所求。」這有點像《金剛經》講的「應無所住而生其心」，如果要求得無著、無為的佛法現前，那就是無漏的空慧現前，這種真實的佛法，就如《壇經》所說，那是以無念為宗，無相為體，無住為本的。以此可知，如果要想求得真正的佛法，就不得生起有所求心。

曾經有一位菩薩來問我，因為他這一年多來非常地不順利，在事業上、家庭上都遭遇了很多的困擾與挫折，他問我怎麼辦，我教他念〈準提咒〉二十萬遍，問題一定會解決。結果，今天他告訴我：「師父！我已經念了〈準提咒〉四十萬遍了，問題還沒有解決，怎麼辦？」我問：「你是怎麼念的？」他說：「我念的時候，心裡希望我的問題解決。」我說：「這樣不對！要『無相』念、『無住』念、『無求』念，你的問題才能解決。你一邊念〈準提咒〉，一邊想：『我的問題解決吧！』根本不是在持咒，是在持你的問題，你把咒語和煩惱合在一起，結果咒也變成了你的煩惱；你一邊念，一邊想著：怎麼咒語還不靈？這樣的話，持咒還有用嗎？」他說：「喔！原來是這樣。」我說：「你趕快回去繼續念！」但願他能夠做到無求而念，一切問題都可迎刃而解。

頓悟禪法的修行就是這樣的，如果以無求的心來精進行法，無漏的佛法馬上現身。我有一個弟子要求剃度出家，求了好久，今年七月份，終於確定要出家了，他覺得好高興，可是，突然間因緣不具足，常住宣布今年暫停一次剃度典禮，這讓他一直無法接受這個事實，他想：「師父是因為我才做這樣的決定，使我不能落髮出家。」其實那次我們沒有舉行剃度典禮的因素滿多，是因緣如此，而不是針對他，他卻因此痛苦不已，世間人的追求心態多半也是這樣子。所以凡事不能太執著，對所追求的東西，要能看得開、放得下，否則追到最後希望落空時，就非常痛苦了。

修行佛法是為了去煩惱、證菩提、得解脫、般涅槃，這是大家都知道的。可是如果心中老是想著：我怎麼還沒有去煩惱？我怎麼還沒有證菩提？我尚需多少工夫才能得解脫？我還得修多久才能般涅槃？那反而會使你被煩惱困得更緊，距離涅槃更遠。若以無所求心來修六度萬行，以無所求心來自利利他，那當下即是菩提解脫，隨處都是佛國淨土，念念都在涅槃城中了。

第三篇

菩提與般若

菩提無得

菩提無得，淨五眼而了三身；

菩提，是梵語 bodhi 的音譯，舊譯為道，新譯為覺，或為覺悟的意思。境通事理二法：於理則斷煩惱障，得一切智，即證涅槃，是為三乘共通的菩提；於事則斷所知障，知一切有為諸法，得一切種智，此唯佛菩提，即是無上菩提。若就佛的三身而言，即名三身菩提，又名三佛菩提：1. 應化身佛菩提，2. 報身佛菩提，3. 法身佛菩提。

菩提的意思是覺，二乘也有自覺的意思，但對佛的大菩提而言，二乘為小菩提。唯大乘經論所說的菩提，均指無上正遍知覺的大菩提。若從《大智度論》卷五十三所見，從初發心至佛果位，共有五個層次：

（一）發心菩提：十信位菩薩，於無量生死中，為求無上菩提而發大心。

（二）伏心菩提：十住、十行、十迴向的三十個賢位層次的菩薩，於諸煩惱中，修諸波羅蜜，調伏其心。

（三）明心菩提：初地以上的菩薩，於三世諸法，觀其實相，令心明了。

（四）出到菩提：八地以上菩薩，於般若中，不著般若，能滅諸惑，見十方佛，超出三界，到達佛位。

（五）無上菩提：等覺菩薩坐道場，斷盡一切煩惱，證得無上菩提，佛果圓滿。

如上所說，菩提本通大小三乘，巴利文聖典中，亦有菩提心這個字，只是不如大乘聖典特別強調菩薩行，所以大部分所說的菩提心，都是指大菩提心，例如《維摩經．佛國品》：「菩提心是菩薩淨土。」《大智度論》卷四十一：「菩薩初發心，緣無上道，我當作佛，是名菩提心。」《大日經疏》云：「菩提心，名為一向志求一切智智。」日本源信著的《往生要集》提到，菩提心有兩類：一為緣事菩提心，是指的〈四弘誓願〉及三聚淨戒；二為緣理菩提心，是指一切諸法，本來寂滅，安住中道實相，而成上求下化的菩薩願行，此為最上菩提心。

〈顯宗記〉所說的菩提，應係源於《壇經》所說的無上菩提，乃是覓之了不可得，「須得言下識自本心，見自本性」，「如如之心，即是真實」，「即是無上菩提之自性也」。又「何期自性本不生滅，何期自性本自具足，何期自性本無動搖，何期自性能生萬法」，「離境無生滅」，「前念著境即煩惱，後念離境即菩提」，因此說：「煩惱即菩提，前念迷即凡夫，後念悟即佛。」《壇經》所說的菩提，即是悟後所見的不動心，是以不生不滅的自性為性。

如何實證不生不滅的自性？便是於諸境上不起妄執，即斷煩惱而現菩提。〈顯宗記〉的「菩提無得」，又是源於《心經》的「無智亦無得，以無所得故，……得阿耨多羅三藐三菩提」。欲得無上菩提果，必發無上菩提心，證得無上菩提果，其實是一無所有。如果覺得尚有所得，仍是凡夫的煩惱執著，尚未證阿耨多羅三藐三菩提果。

在因地時，的確認為有無上菩提可證，所以要發大菩提願，修大菩提行，在《大智度論》所說的五種菩提，都是必備的條件；到達佛位之時，所證是二空真如，便是「無智亦無得」的實相般若現前，一空一切空，《大智度論》列舉十八種空，不僅是無所得，連無所得這個念頭也要空掉。

因此，大乘禪宗的空義，是從無念、無相、無住、無得來說明，空不礙有，無也不否定有；煩惱若空，執著亦無；但是，般若有、空慧有，諸佛的功德莊嚴，如來的十力、四無畏、十八不共法也都有，所以要說「淨五眼而了三身」了。

「五眼」是依諸佛的應化身而言，一共有五種：肉眼、天眼、慧眼、法眼、佛眼。第一種是欲界凡夫所具；第二種是色界天人所有，依修禪定而得。後三種是出世聖人所有的智慧眼，慧眼是二乘聖人，照見無我偏空之理性所具；法眼是初地以上菩薩，證無生法忍，所得之智慧，照見一切法門，廣度無量眾生；佛眼是以一切種智，圓證五眼，得六神通，應化眾生。由此可見，一般的欲界凡夫，僅有父母所生的肉眼；色界初禪天，可具肉眼而僅用天眼；聲聞緣覺在未入無餘涅槃時可有前三眼；初地以上菩薩可具四眼；唯佛果位，五眼具足。五眼之中，肉眼是出生時就有的，稱為報得；天眼也有極少數人可能報得，正常而言，須是修行而得；後三種眼，必是修得。

「淨五眼」是什麼意思？就是五眼的功能全是不執著的智慧，五眼全部都是清淨的。凡夫的肉眼貪著美色，厭惡壞色，很不容易清淨；天眼可以見到極微極遠，也可以見到未來因緣果法，但還有欣厭分別，所以也不是清淨的；慧眼已見性空無相，已證偏空之理，已得清淨，可是還執著有涅槃法而遠離五蘊等諸法，所以只證人空，未證法空，相對於大乘菩提，尚非清淨。法眼就是已證一切法身的菩薩，未將無明根本斷盡，比起佛的究竟清淨，還不能算是完全清淨，唯有佛眼才是五眼圓滿清淨。

「三身」指的是法性身、實報身、應化身。

（一）法性身：也就是自性身。自性是空，實證空性，也就是親見法身；法身遍在，一切法不離自性，自性就是空性，空性就是佛的法身。若見自性法身佛，則報身佛及化身佛，也在其中，這就是《壇經》所說的「一體三身自性佛」。若能「了然自悟自性，總隨我道：於自色身皈依清淨法身佛，於自色身皈依千百億化身佛，於自色身皈依圓滿報身佛」。又，世人「自心迷，不見內性，外覓三身如來」。

（二）實報身：是千丈盧舍那佛身，也就是佛的功德莊嚴身；那是給眾生看，而不是給佛自己看的，只有初地以上的大菩薩們可以看到報身佛，我們凡夫是見不到的。對一個禪修者來講，所知、所見，無一處不是法身，所知、所見、所接觸的，也無一樣不是佛的報身。而見空性，則一切法、一切現象，都是自性本空，那當下就見法身；一切現象都有說法的功能，那功能就是報身的佛。

（三）應化身：就是千百億化身。處處化現、隨類應化、隨機應化，看到根器不同的眾生，就用不同的身分去適應他，不同的情況下就用不同的型態來幫助他。

對於佛身的認知，大乘和小乘的聖典中，各有不同的介紹，大致可分二身說及三身說。

二身說之中，又分小乘及大乘。就小乘而言，也有兩類，第一類：1.生於釋迦族王宮的王子身，也就是肉眼的釋迦牟尼，稱為「生身」；2.佛以神通力變化為鬼畜等的異類身，稱為「化身」。第二類：1.降誕於王宮的「生身」；2.由戒、定、慧、解脫、解脫知見所表的功德，名為「法身」。

若就大乘所說的二身，見《佛地論》卷七及《大智度論》卷九，理智冥合的真身為「法身」，隨機應化的為「生身」，所以又名為「真應二身」。

三身說，也有多種表示法，其中以天台宗及法相宗的論點為代表：

（一）天台宗的三身說：1.出於《金光明經玄義》：「理法聚名法身，智法聚名報身，功德法聚名應身。」2.《金光明最勝王經・分別三身品》：「一切如來有三種身，云何為三？一者化身，二者應身，三者法身。」這裡所說的化身，就是應身，合稱為應化身。

（二）法相宗的三身說：出於《成唯識論》卷十：1.「自性身，謂諸如來真淨法界，受用變化平等所依，離相寂然，絕諸戲論，具無邊際真常功德，是一切法平等實性，即此自性，亦名法身。」2.「受用身，此有二種：一自受用，謂諸如來三無數劫，修集無量福慧資糧，所起無邊真實功德，及極圓淨常遍色身，相續湛然，盡未來際，恆自受用廣大法樂。二他受用，謂諸如來由平等智，示現微妙淨功德身，居純淨土，為住十地諸菩薩眾，現大神通，轉正法輪，決眾疑網，令彼受用大乘法樂。」也就是報身，亦被稱為受用（報）身。3.「變化身，謂諸如來由成事智變現無量隨類化身，居淨穢土，為未登地諸菩薩眾、二乘、異生，稱彼機宜，現通說法，令各獲得諸利樂事。」所說的就是應化身。

（三）通常所說法、報、化三身，是大小乘的通說：依據小乘聖典，戒、定、慧、解脫、解脫知見的五品功德為法身，生於王宮的丈六紫金身、具三十二大人相的喬答摩為報身，以化為獼猴、鹿、象等為化身。

另外在佛門課誦本中的供養三寶詞，有云：「供養清淨法身毘盧遮那佛，圓滿報身盧舍那佛，千百億化身釋迦牟尼佛。」似乎是佛的三身，各有名稱，這是天台宗的看法，其實在梵文原意，毘盧遮那及盧舍那，是同一個字 Vairocana 的兩種音譯，同為光明遍照的意思，在《華嚴經》則同為報身佛的稱號。所以《瓔珞經》說：「毘盧遮那佛是受用身，釋迦牟尼佛是化身。」但是在《千臂千缽大教王經》卷一則說：「一者毘盧遮那法身，本性清淨，出一切法，金剛三摩地為宗；二者盧舍那報身，出聖性普賢願行力為宗；三者千釋迦化現千百億釋迦，顯現聖慧身，流出曼殊室利身，作般若母為宗。」這是將法身佛，分作二名屬二性格，前者稱毘盧遮那佛，後者稱盧舍那佛，釋迦則化現千釋迦及千百億釋迦；天台宗將此綜合成為三身三名，而被中國佛門所通用。在天台大師的《摩訶止觀》卷二所說：「別相者身有三種」，若息化論歸，則色身（化身）歸解脫，法門身（報身）歸般若，實相身（法身）歸法身，三身一體毋須分別。

至於中國禪宗，掃蕩一切名相，既然三身即一體真如。菩提的果位無可得，佛的五眼亦無跡可尋，佛的三身當然也不必去追求了。這也正如《維摩經》所說：「菩提者，不可以身得，不可以心得。」一了百了，千了萬了，否則只要尚存一絲牽掛，便與清淨的自性，南轅而北轍了。

般若無知

般若無知，運六通而弘四智。

般若（prajñā）有智慧、慧、明、清淨、遠離等意思。

在中國佛教諸家之中，有將般若的功能型態，分作二類、三類及五類的不同。

（一）二般若：也有三種分法：

1.《大智度論》卷一〇〇說：(1)共般若，為三乘共同修證者；(2)不共般若，唯對天台宗所判的別、圓二教之菩薩證者，不與二乘相共。

2.《地藏十輪經》卷十及《瑜伽師地論》卷四十三說菩薩般若有二種：(1)世間般若，未行寂靜而常行有見有相之般若；(2)出世間般若，心如虛空，平等寂滅，離諸名相之般若。

3.《華嚴經大疏》卷一則說：(1)實相般若，(2)觀照般若。

（二）三般若：有三種分法：

1.《金光明經玄義》卷上：(1)實相般若，為般若之理體，為眾生之本具，離一切虛妄之相；(2)觀照般若，乃為觀照實相之實智；(3)方便般若，為分別諸法之權智。

2.《肇論》：(1)實相般若，(2)漚和（方便）般若，(3)大慧（不取有無，不墮二邊）般若。

3.法藏的《般若心經略疏》：(1)實相般若，謂所觀真性，(2)觀照般若，謂能觀妙慧，(3)文字般若，謂能詮之經教。

（三）五般若：見於長水子璿所錄的《金剛經纂要刊定記》卷二：「般若種類，諸說不同。準《智度論》說，有三種：一文字，即能詮教；二觀照，即能觀智；三實相，即所觀境。羅什後來開為五種，謂於觀照中開出眷屬，即隨行五蘊及煖（頂、忍、世第一法）等善根；於實相中開出境界，即俗諦境。」也就是：1.文字，2.觀照，3.實相，4.眷屬，5.境界的五種。

〈顯宗記〉所說的「般若無知」，原出於僧肇的〈般若無知論〉，論中引了

《道行般若經》卷一：「般若無所知，無所見。」（案：原經文是：「何所是菩薩般若波羅蜜？當何從說菩薩，都不可得見，亦不可知處。」）《肇論》又說：「何者？夫有所知，則有所不知，以聖心無知，故無所不知，不知之知，乃曰一切知。故經云：『聖心無所知，無所不知。』」（此經云是引的《思益梵天所問經》）。《肇論》又引《大品般若經》義說：「經云：真般若者，清淨如虛空，無知、無見、無作、無緣，斯則知自無知矣。」

依據《肇論》所說的「般若無知」，實則是由於般若即是佛心流露的清淨智慧，即是超越於有無執著而取中道實相的淨慧功德，所以不能以有所知及有所不知的相對論，來形容清淨的般若。內外俱照、內外寂然、照則透徹、寂則不動，便是般若無知的內容。

〈顯宗記〉的作者神會禪師，既是六祖惠能大師的弟子，應該也是受到《壇經》影響的，敦煌本《壇經》云：「何名般若？般若是智慧，一時中，念念不愚，常行智慧，即名般若行，一念愚即般若絕，一念智即般若生。」又說：「我此法門，從八萬四千智慧，何以故？為世人有八萬四千塵勞，若無塵勞，般若常在，不離自性。悟此法者，即是無念、無憶、無著。莫去誑妄，即自是真如性，用智慧觀照，於一切法不取不捨，即見性成佛道。」

依《壇經》的意思，但能一念不愚，便是一念般若行，念念不愚便是常行般若行。而這般若之名，是為對治凡夫眾生的八萬四千煩惱塵勞而生起，如果已經沒有煩惱的塵勞，那就是無念、無憶、無著的聖者。如果尚不知般若自性為何物的話，只要於一切法的境界上不取亦不捨，便能見性成佛。因此，般若的功能及其範圍，的確廣大無極；但在佛果位上，般若無用，在凡夫位上般若的作用，即是教我們「不取不捨」，也可以說，《壇經》雖沒有明言般若無知，卻是告訴了我們「般若無形無相」，但其功用無限。

般若雖然是無形、無相、無知，卻有所觀的境、能觀的智、能詮的教，及其所衍生的善根境與俗諦境，所以此處接下來的文句是「運六通」及「弘四智」了。

所謂「運六通」，是指般若的功用廣大，無所不知，無所不及，猶如擁有廣大的神通，但這並不等於說，禪宗開悟的人，都會運用六種神通。事實上，正統中國禪宗的祖師們，絕少談論神通，甚至禁止表現神通。

其實禪修的人，如果知道修行神通方法四如意足的人，當然會有神通的能力，只是不會張揚表演，以神通做為廣收徒眾的號召。禪師利益眾生，是依自內證的實相般若及觀照般若，運轉方便般若及文字般若，慈悲攝化，應機救度。以般若的智慧利益眾生，是一勞永逸的事，等於教導貧窮的人，學會自行生產衣食等生活必需品的技術知能。如果以神通變化幫助眾生，只是頭痛醫頭、腳痛醫腳的暫時設施，不能徹底解決困苦的問題。所以真有智慧的禪師，只以佛法的智慧布施，不會以神通力助人。而且神通力不敵業力，有些人自稱已經有三明六通，一時間好像非常風光，到頭來卻會弄得自身難保，反受其害，這就是用神通錯亂因果。

「六通」也就是六神通，梵語 ṣaḍabhijñā。一般所說的六通是：神足、天耳、他心、宿命、天眼、漏盡。《長阿含經》卷九，在每通之下加「通證」二字；《俱舍論》卷二十七，除了將「神足」改為「神境」之外，每個通之下都加「智證通」三字，例如：神境智證通。

（一）神境智證通：即是如意變現各種境界，例如飛行自在等所謂十八神變。

（二）天眼智證通：得到色界天的四大種所造眼根，能見自地上及地下的遠近粗細等諸物質形相。

（三）天耳智證通：得色界天的四大種所造之耳根，能聽聞人間、天上、三惡道等一切遠近之聲。

（四）他心智證通：能知他人的心中所思所想，有垢無垢等念頭。

（五）宿住隨念智證通（宿命通）：能了知並憶念過去世中，從一世、十世、百世，乃至千萬億世之事。

（六）漏盡智證通：證知自己已經斷滅煩惱及煩惱習氣，更不復受後有之生死。

以上六通，若依小乘《俱舍論》卷二十七所說，前五通，異生凡夫亦能修得（或有報得者），第六通，唯聖者能得。若依《大智度論》卷二十八所說，五神通為菩薩所得，第六漏盡通，唯佛能得。

在六通之中的宿命、天眼、漏盡三項，為了有別於凡夫的五通，所以在阿羅漢稱為三明，例如宿命智證明，是以空慧的出世間解脫智顯了，所以稱之為明，合稱三明六通。又於佛果位的三明，有別於二乘聖者，稱為三達，阿羅漢的神通力尚屬有限，唯佛的神通力，通達無礙故。其實人的六根，都能發起神通，由於鼻根及舌根，不及色界禪天，故不列入神通，但就一般異能而言，確有鼻通及舌通的事實。

至於「四智」，是《成唯識論》的名詞，所謂轉有漏之八識，成無漏的四智。八個識之中，前五識及第八識，要到佛果位，才能轉識成智，第六識及第七識，則在初地以上菩薩位轉識成智。所謂轉八識成四智，是：1.轉前五識為成所作智，2.轉第六識為妙觀察智，3.轉第七識為平等性智，4.轉第八識為大圓鏡智。

依據大珠慧海的《頓悟入道要門論》卷上說，四智是「體同名別」，又以四智配屬佛的三身：「大圓鏡智獨成法身，平等性智獨成報身，妙觀察智與成所作智共成化身，此三身亦假立名字分別，只令未解者看。」

這是禪宗大師們運用唯識學，來說明頓悟法門，其實已包容含攝了一切最高的法門。

〈顯宗記〉的「運六神通」，是由於「般若無知」，「弘四智」也是由於「般若無知」，所以不著一相而遍照一切，應運無礙。

體同法界

是知即定無定，即慧無慧，即行無行。性等虛空，體同法界。

因為般若無知而功用無礙，以此類知，一切都是即有而無是真無，即無而有是實有，無行而行是大行。正在禪定之中不見定相，正在智慧運作不見智慧，正在修行六度萬行未以為行，那才是大禪宗、大智慧、大修行。

「定」也好、「慧」也好、「行」也好，它的本性就跟虛空是相同的，它的理體就跟十方法界是同等的。那就是充塞於宇宙，上上下下，前前後後，左左右右，亙古迄今，綿延無窮，蓋天蓋地，鉅細無遺，這就是「性等虛空，體同法界」。

禪宗所說的定慧及修行，與通佛教所說的不盡相同，一般所謂的四禪八定及九次第定，以及各種三昧，均非禪宗所取的觀念。只要能夠有一直心，當下便是一行三昧，所以禪定並無禪定相。禪宗所言說的般若智慧，乃是無念、無相、無住，又是無憶、無著、無知，所以不是其他宗派所以為的各種智慧名相。

禪宗的修行，是在日常生活中的「口念心行」，即是摩訶般若波羅蜜，《壇經》又說：「心量廣大，猶如虛空，無有邊畔。」「心量廣大，遍周法界，用即了了分明，應用便知一切。」又說：「摩訶般若波羅蜜，最尊最上最第一，無住無往亦無來，三世諸佛皆從中出，當用大智慧，打破五蘊煩惱塵勞，如此修行定成佛道，變三毒為戒定慧。」

《壇經》的這種觀點：心同虛空，遍周法界，無住、無往、無來，便能打破煩惱塵勞，便是大修行。也就是說，如果能夠全心地奉獻，那就是最大的功德。例如：雖然你只捐一塊錢，如果那是你全心的奉獻，就是最大的奉獻，便有無限功德。如果你捐了上萬、甚至上億元，卻沒有用你的全心，那是有限的奉獻，也是有限的功德；由此可知，如果沒有財物，用你的虔敬心，也是有功德的。至於行多、行少，不需要跟他人比，也不需要跟自己比，只是盡心、盡力、盡分、盡責，修戒定慧三學、修行六度四攝，便是大行。普賢菩薩的大行，是遍行、常行，等於無行。

再看《壇經》的〈定慧品〉，對於定及慧的看法，即說：「我此法門，以定慧為本，大眾勿迷，言定慧別，定慧一體不是二；定是慧體，慧是定用，即慧之時定在慧，即定之時慧在定。」由此可知，《壇經》承認有定有慧，不過主張定慧同時，定慧不二，並沒有說無定無慧。而在神會大師的〈顯宗記〉，則以般若無知的立場，說無定無慧，卻定慧宛然。

若從次第禪觀的立場而言，不論大乘小乘，均有《壇經》所舉「先定發慧，先慧發定」的爭執點。例如所謂「從禪出教」的說法，便是主張先定發慧；「藉教悟宗」的說法，便是主張先由聞慧而開示悟入佛的知見。其實，若從頓悟法門來說，一旦發悟自性本空，當下即獲定力，所以定慧是一不是二。《壇經》對於禪定一詞的認識，也與次第禪定不同，所謂「外離相即禪，內不亂即定」，同時離相與不亂，便是即慧即定。

在小乘佛教所說的解脫，有兩類的二解脫：

（一）依《成實論》：1.慧解脫：以智慧力，離一切障礙，而證阿羅漢果的涅槃；2.心解脫：以心識的能力，離一切定障，而得入滅盡定者。

（二）依《俱舍論》：1.慧解脫：以無漏慧，離慧障、煩惱障；2.俱解脫：更得滅盡定，離定障、解脫障。《俱舍論》又將此二解脫，名為時解脫及不時解脫。

《成實論》的心解脫，即是定解脫，與慧解脫是並立的兩類解脫。《俱舍論》則認為慧解脫是僅以無漏慧離煩惱而得解脫，俱解脫則須入滅盡定發無漏慧除障得解脫，乃是先定發慧而得解脫。《壇經》主張頓悟，認為定慧二力不能有先後之分，這是源自於《維摩經》不二法門的思想。〈顯宗記〉的無定、無慧、無行，而又即定、即慧、即行，雖然超越了《壇經》的不二之說，仍與《維摩經》的〈入不二法門品〉思想相同，因為經文以文殊菩薩所言：「乃至無有文字、語言，是真入不二法門。」做為結論，正好就是無相的實而又不離一切相的意境。

這裡所說的「性等虛空」，「性」是自性真如，也就是本明妙心，它是一切眾生同具本有的，也是有情、無情同等悉有的，所以如虛空般廣大無邊。

「虛空」在佛教聖典中，有四種名：1.虛空，2.無所有，3.不動，4.無礙。在《釋摩訶衍論》中，虛空有十義：1.無障礙，2.周遍，3.平等，4.廣大，5.無相，6.清淨，7.不動，8.有空，9.空空，10.無得。所以佛法的虛空，絕非一般常識所指的天空或死寂，乃是《俱舍論》的三種無為法之一，也是《成唯識論》的六種無為法之一。

至於「體同法界」的「體」，即是理體，和「性」相同，都是以無為法的虛空為背景。

「法界」的梵文達摩馱都（dharma-dhātu），又名法性、實相，在《阿含經》中已有這個名詞，但是諸家學者，對法界一詞有各種解釋。大致上可分為事法界及理法界兩大項：1.事法界：是指諸法各有每一法的分際界限，總括一切有情眾生界而言，有四聖加六凡的十法界，亦各各有其分際界限。2.理法界：是指真如理性，又名法性、實相、實際，其實都是一體的異名。

若依《華嚴經探玄記》卷十八所說，界有三義：1.因義：依之而生聖道故，例如《攝大乘論釋》云「言法界者，謂是一切淨法因故」；2.性義：是為諸法所依性故，例如《華嚴經》云「法界法性辯亦然」；3.分齊義：是為諸法緣起，相不雜故。

若依華嚴宗的判攝，可以四種法界，圓攝一切法界：1.事法界，2.理法界，3.理事無礙法界，4.事事無礙法界。第四種事事無礙，於一切法，一多相即，大小互融，重重無盡。〈顯宗記〉所說的「體同法界」，應該屬於華嚴宗所說的第三種理事無礙法界。

第四篇

六度與十力

有無雙泯

六度自茲圓滿，道品於是無虧，是知我法體空，有無雙泯。

這是從上文接下來講的。由於定、慧、行的功德體用，無所不及，所以六度萬行的一切聖道品目，無不因此圓滿無缺；到了這種地步，我空、法空，亦皆空，超絕無有二邊，故稱「雙泯」。

所謂六度，便是六波羅蜜：1.布施，2.持戒，3.忍辱，4.精進，5.禪定，6.智慧。修這六種法門，可以對治六種障礙，獲得無上菩提大道，六障礙便是：1.慳法，2.惡業，3.恚心，4.懈怠，5.亂心，6.愚癡。也就是以布施等六法，超越六種障道因緣法，所以稱之為六度。《成唯識論》卷九，自初地菩薩至十地菩薩，立十波羅蜜，稱為十勝行，除了前面六種名稱全同之外，增加了方便善巧、願、力、智。

至於「道品」，就是修行聖道的方便法門；最扼要的是修戒、定、慧的三無漏學，對治貪、瞋、無明（不正見）等三毒，而得無漏通的解脫果；其次則依四聖諦的苦、集、滅、道，修道、斷集、滅苦。所謂修聖道，便是持修三十七道品，證無漏道的阿羅漢果；緣覺（獨覺）根性的人則修十二因緣，而證聖果；大乘菩薩，是修六度四攝而成佛果；這些都是道品。

三十七道品，亦名三十七菩提分法，又名三十七覺支，共分作七類：

（一）四念處：新譯為四念住。乃是在五停心觀的修止（奢摩他）之後，修觀慧（毘婆舍那）而入解脫道的三賢位（五停心、別相念、總相念），四念處是：1.觀身不淨，2.觀受是苦，3.觀心無常，4.觀法無我。

（二）四正勤：又名四正斷、四意斷、四正勝。是四念處後所修道品：1.對已生之惡令斷除，2.對未生之惡令不生，3.對已生之善令增長，4.對未生之善令生起。

（三）四如意足：又名四神足。於四正勤之後所修道品，是四種禪定，為六神通之中的身如意通：1.欲神足，依欲之力，引發之定。2.勤神足，依勤之力，引發之定。3.心神足，依一心專注之力，引發之定。4.觀神足，依觀之力，引發之定。這四如意足，都是在加行位中，所修禪定。

（四）五根：由修四如意足的禪定之後，由信等而發起定根及慧根，包括：1.信根，2.精進根，3.念根，4.定根，5.慧根。

（五）五力：是由於修行五根而得增長的力用，可除五障：1.信力對破邪信，2.精進力對破懈怠，3.念力破諸邪念，4.定力能破諸亂想，5.慧力能破三界諸惑。

（六）七菩提分：於修行以上五種科目之後，當修七覺支，是以智慧觀察諸法，覺了其實無我，共有七項：1.擇法覺支，揀擇法之真偽，當取真而捨偽。2.精進覺支，揀擇真正的正法之後，當精進專心修持不懈。3.喜覺支，喜住於真的正法。4.輕安覺支，又名除覺支，斷除粗重，身心獲得輕利安適。5.捨覺支，又名行捨，乃是捨外境而心得平安。6.定覺支，心住一境不散亂。7.念覺支，修行道法之時，定慧均等。於心沉之時，修擇法、精進、喜三支，於心浮動之時，修輕安、捨、定之三支；前三支屬修慧，後三支屬修定，第七念覺支乃屬定慧均修。

（七）八支聖道：又名八正道、八聖道分、八賢聖道、八道品、八直道等，在原始佛法中，極其重要，往往都以四聖諦與八正道同舉，因為它是戒、定、慧三學的延伸，也可以說三十七道品是八正道的細目，共有八項：1.正見：是正確地見到四諦之理而明之，這是八正道的首要條件，也可以說是八正道的主體。2.正思惟：正確地思惟四諦之理。3.正語：是以無漏戒體，以真智修口業，不說一切非理之語。4.正業：以無漏戒體，以真智除身之一切邪業，住於清淨之身業。5.正命：是以清淨身、口、意之三業，離五種邪命而活的行業，順於正當的活命方式。6.正精進：發用真智而強修涅槃之道。7.正念：是以真智憶念正道，而無邪念。8.正定：是以真智，入於無漏清淨之禪定。修此八法，即可離非而盡邪，到達涅槃。

根據《大毘婆沙論》及《俱舍論》的說法，小乘所修道品及其修道過程的長短有：1.聲聞乘聖者，修四諦三十七道品，經過最短三生，最長六十大劫，悟生空無我之理，而入無餘涅槃。2.緣覺乘聖者，修十二因緣法，經過最快四生，最慢一百大劫，悟生空無我之理而入無餘涅槃。3.大乘菩薩，修六波羅蜜，利益眾生，經過三大阿僧祇劫成佛。《俱舍論》卷十八也指出，菩薩於初阿僧祇劫供養七萬五千佛，第二阿僧祇劫供養七萬六千佛，第三阿僧祇劫供養七萬七千佛。最後百劫修植相好業因，每修百福而成一相，共計三十二大人相，當修三千二百福，就如同釋迦世尊這樣，成為八相成道的人間佛陀。

禪宗則不管以上這麼多的道品修法過程，但是頓悟般若無知，即定即慧，無行即行，便已圓修六度萬行、一切道品，而且有無雙泯，真俗兩亡，所以是最上乘法。

道常無念

心本無作。

這個「心」字，是無念、無相、無住的心，也就是《金剛經》無住生心的心，禪宗稱為涅槃妙心，印順法師稱它為真常心，它不是梵天的創造全宇宙的主宰，它是無為、無漏、無作的清淨心體，也是一切法的所依。它是空性的本身，一切有為法及無為法，一切有漏法及無漏法，無一不是依空性而生。在凡夫，依此心而有生滅的煩惱生死；在聖者，依此而有不生不滅的菩提涅槃。此處的「心」是無作法，也就是聖者的心體。

「無作」的意思，有三種涵義：1.不假因緣造作，即是無為。2.遠離生滅的法性，是涅槃的異名。3.一切善惡之法，法爾如是，體是無作故。

「無作」也和無表意思相同，例如受戒時的戒體，即是無表色法、無作戒體。戒體由心感受、由色熏習，心是無作，熏是色法。戒體有兩種：1.有作：受戒時如法動作身、口、意三業，是可以見聞的業體；2.無作：依此時作戒之緣，而生於身中不可見聞之業體，此業體的初發之緣，雖由身、口、意之動作（有作戒體），一旦生起之後，則不假身、口、意的造成，而恆常相續，故稱為無作。

有作戒體於身、口、意動作息時亦隨之消滅，無作戒體則於一生之中，相續不斷而發起防非止惡的功能。因為它是無表色法，七眾別解脫戒，都是終生受持，命終捨此色身，戒體隨之亦捨。聲聞的七眾戒，是無作戒體無表色法；大乘菩薩戒，則是無作戒體無漏心法，因此，菩薩戒是一受永受，盡未來際，有受法無捨法。

天台宗主張，佛的法、報、應三身，均是無作法爾。禪宗以心為宗，此心即是理體的佛身，也是即事即理的佛，所以應該是無漏無作的。

道常無念，無念、無思、無求、無得。

「道」字在中國，涵義極其豐富，儒、道二家，都是以道字為天地的自然理則。例如《中庸》：「道也者，不可須臾離也。」莊子說：「道者，為之公。」

又說：「德人者，居無思，行無慮。」（類似無念）《老子》則說「道之為物，惟恍惟惚，……恍兮惚兮，其中有物」、「道常無名樸」、「道常無為而無不為」、「咎莫大於欲得」（類似無得）。這些的儒道思想，雖不等於佛教思想，但在中國佛教成長過程中，曾融會了不少中國儒、道二家的思想。例如〈顯宗記〉所用的「道」、「無念」、「無思」、「無得」等詞，在老莊原著中都可以發現類似的用詞，只是佛教的禪師們，雖用這些名詞，詞義卻不相同。

「道」字在佛教聖典中，是梵語菩提（bodhi）的意譯，意為覺悟、通達，有三種意思：1.有漏道：善業通人，使至人天善道，惡業通人，使至三塗惡趣，故善惡二業，名為道，例如十善業道、十惡業道。2.無漏道：是指修行聖道的道品，例如修行七覺支、八正道等法，能通行者，使至涅槃；又以行體虛融無礙，使人通向聖道，例如道諦、道品、聲聞道、菩薩道、佛道等。3.涅槃之體即是道，不受後有，除一切障，無礙自在，所以名為道。

這裡所說「道常無念」的道字，是指無礙自在的佛道。「無念」一詞，本為正念的異名，也就是離諸妄念雜想，便是無念，在《壇經》中，對於無念的說明最清楚了，例如敦煌本第十七節〈無念為宗亦不立〉；又說：「於一切境上不染，名為無念。」又說：「無者，離二相諸塵勞；念者，念真如本性。」又引《維摩經》而說：「外能善分別諸法相，內於第一義而不動。」如果世人離染，於境上不起念，那就可以連無念為宗也不用建立了。因此「道常無念」，是指最高的佛道，離卻一切染著妄想，得道之人，雖能對外善於分別諸法，內心卻永依第一義諦的不動真如。既能無念，便已悟入聖道聖心；既是聖心無念，也就無思而不起善惡的執著；既然能無思於善惡二相，也就無三寶可求，亦無悟境的般若、涅槃、解脫可得了。

「無念」出於《壇經》，「無思」也出於《壇經》，「無求」原出於《維摩經》的〈不思議品〉，維摩長者告舍利弗，當不著佛法僧求，不著四聖諦求，結語是「若求法者，於一切法應無所求」。在《壇經》中也有神秀及惠順（又名慧明）求法的故事；惠能未做求法、求祖、求衣的設想，卻又獲得了法、衣和祖師位。以此可證知，有心求得，反而不得，無心求得，倒真有得，其間奧妙，真的不可思議。因為第一義諦的佛道，就是要在無念、無思、無求、無得中悟見，那就是言語道斷、心行處滅的境界。

古來禪宗祖師們，集眾開示之前，維那要呼：「法筵龍象眾，當觀第一義，諦聽法王法，法王法如是。」當維那呼過這四句偈，和尚才講開示。照理說，維那呼喝過後，已經說明法王（佛）之法是第一義諦，是不立文字的不可思議之教，根本就不需要再用語言講什麼法了。

整句偈子的意思是：你們這些來參加這場說法、聽法法會的佛門龍象，要善觀第一義。第一義是不可思、不可議的無相法，說者無說無示，乃是實說實示，聞法者雖然無聞無見，才是真聞真見，說的是無相實相，聞的是第一義法。

法王是諸佛，一切諸佛於一切法得大自在，所以稱為法王。

佛法的梵文是達摩（dharma），意思是保持自性不變及軌範物質體生解作用，教法則是指佛所說的言教，以及結集佛陀言教而成的聖典；另外又指一切煩惱、一切萬物、意識所緣之境，名為法處；因明的有法，是對命題宗之賓部而言；又係指的理法，物之自相、理體、道理等。

法，又可分為三大類：1.世俗諦的有為有漏法；2.勝義諦的有為無漏法；3.第一義諦的無為、無漏、無相實相法。通常所說的二諦法，是俗諦及真諦；《成唯識論》謂之世俗諦及勝義諦。第一義諦的名稱，本來也是對世俗諦而設，所以也名真諦或勝義諦；它的異名其實就是涅槃、真如、實相、中道、法界、真空等的純粹無為無漏法。此處〈顯宗記〉所說的「道」，依其是「常無念」的性質而言，即是指的第一義諦法。

心通八解

不彼不此，不去不來。體悟三明，心通八解。

「彼此」與「去來」，是《般若經》、《涅槃經》、《中觀論》等的思想，源頭則是《阿含經》的緣起法。

《雜阿含經》卷十二的二九七、二九八經，都以「此有故彼有，此無故彼無」或以「此有故彼有，此起故彼起」，來說明十二因緣的流轉與還滅。《中阿含經》卷四十七的一八一〈多界經〉亦云：「因此有彼，無此無彼；此生彼生，此滅彼滅。」這是佛法的根本，若離緣起觀而談佛法，那一定不是真正的佛法，而是外道思想，所以在《中阿含經》卷七的三十〈象跡喻經〉說：「世尊亦如是說：若見緣起，便見法。」《增一阿含經》卷二十也說：「若見緣起即見法，觀法即觀佛。」因為佛陀主張「依法不依人」，所以見到正見的法，即等於見到佛了。

佛陀成道，是因為悟得緣起法，唯有緣起法能將眾生度脫生死苦海，所以在《雜阿含經》卷十三的三三五經說道：「俗數法者，謂此有故彼有，此起故彼起，如無明緣行，行緣識，廣說乃至純大苦聚集起。又復，此無故彼無，此滅故彼滅，無明滅故行滅，行滅故識滅，如是廣說，乃至純大苦聚滅。」此有、此起，都是指的緣於無明有或無明起，接下來即有十二因緣的生死流轉，故稱此有無明故彼生死有；此無此滅，都是指的緣於無明的消失，十二因緣的生死現象也跟著寂滅，故稱之為此無故彼無。由觀因緣法而得空慧，是大小乘所共同遵守的，所以在《中觀論》的〈觀四諦品〉說：「眾因緣生法，我（佛）說即是空。」

站在禪宗頓悟法門的立場，只要心中不起彼此相對的執著心，便是悟境現前，便與般若的空性相契，便是面見諸佛的自性，所以要超越於緣起緣滅的觀想過程。故云：「不彼不此。」截斷思慮，當下即是。《中觀論》的〈觀如來品〉，也有頌：「非陰（同蘊）非離陰，此彼不相在，如來不有陰，何處有如來。」是說不執著如來的在五陰（蘊）或離五陰，才能得見中道。

至於「不去不來」，可以從《金剛經》中見到其根源：「如來者，無所從來，亦無所去，故名如來。」其次在《中觀論》的開頭歸敬偈頌，即標示八不的思想：「不生亦不滅，不常亦不斷，不一亦不異，不來亦不出。」親見中道實相者，必能依此八不的標準：計度執著者，一定不能與此八不中道相契，所以此八不中道，又稱之為八迷或八計；「不」門雖然無量，以此八不，即可該攝一切。〈顯宗記〉的「不去不來」，相當於《中觀論》的「不來亦不出」。

八不中道，通常都依《中觀論》的偈頌，其實尚有其他經論可據：

（一）《菩薩瓔珞本業經》卷下云：「不一亦不二，不常亦不斷，不來亦不去，不生亦不滅。」

（二）《涅槃經》卷二十七云：「十二因緣，不出不滅，不常不斷，非一非二，不來不去，非因非果（共有十不）。」

（三）龍樹的《大智度論》卷七十四有十二不：「觀一切法，不生不滅，不增不減，不垢不淨，不來不去，不一不異，不常不斷，非有非無。」

〈顯宗記〉的「不去不來」雖將來去顛倒，與諸經論的來去順序有別，其實內容都是相同的，我們很難測度神會大師是依據哪一部聖典，但其觀點是無庸置疑的。

至於「體悟三明」，是已證悟到天眼明、宿命明、漏盡明。唯有小乘的羅漢及大乘的佛能得三明，佛的三明，亦名三達，通常則稱三明；唯證無漏道大解脫大自在人，始證三明，此屬於無漏智慧的功用，故稱為「體悟」。

至於「心通八解」，此「心」即是般若的空性所照，無染不動，恆寂而常照。此心在凡夫，乃是虛妄分別的煩惱，在聖者，乃是清淨明徹的智慧。若為凡夫心，即受世間染，也擾惱世間；若為清淨心，不受世間染，能饒益世間。若為禪宗的頓悟者，不見世間染法，不受世間染法，也不必逃避世間染法的環境，而隨緣修無量行度無量眾生，心中則未計或染或淨，也未計度了多少眾生。

「八解」是八解脫的簡稱，新譯為八解脫，舊譯為八背捨。依據《大智度論》卷二十一的敘述：「八背捨為初門，八勝處為中行，十一切處為成就。」也就是說，要成就遠離三界的出世間禪，必須俱修八解脫、八勝處、十一切處的三類法門，而以八解脫為初門，其次以八勝處為中間行，後修十一切處（又名十禪支、十遍處定），便完成超越三界的出世間禪了。以此可知，八解脫雖名為解脫，只是修持解脫道出世禪的三法之初門。

依據《俱舍論》卷二十八及卷二十九所說，先修九次第定；當從尋、伺、喜、樂、心一境性而入色界初靜慮（初禪）；次第而至修三種等持，即是：1.

空、2.無相、3.無願的三三昧；經配合四聖諦十六行相而修四等持，即是：1.住現法樂，2.得勝知見，3.得分別慧，4.諸漏永盡。從如上修定的因行，產生諸定的果德，才是：1.四無量心，2.八解脫，3.八勝處，4.十遍處（十一切處）。

四無量心的「慈無量心」對治瞋心，「悲無量心」對治害心，「喜無量心」對治嫉心，「捨無量心」對治欲界的貪瞋。此四無量心僅為對治欲界有情眾生的貪瞋等障，色界即無此等障，故不屬次第靜慮的項目，而只講如下的三法。

（一）八解脫：1.內有色想觀外色解脫：又名有色觀諸色解脫。即是為離內在色想，而觀外在諸色的青瘀等不淨，乃能去貪心。2.內無色想觀外色解脫：既已無對內在色想的貪著，更得堅牢地觀外在色想的青瘀等不淨，使之貪戀心不起。3.淨解脫身作證具足住：又名淨解脫。為了試煉善根之成滿，背捨初二解脫之不淨觀心，修觀外在的色境淨相，而使煩惱不生。4.空無邊處解脫：滅有對之色想，修成空無邊的行相。5.識無邊處解脫：背捨空無邊之行相，修成識無邊之行相。6.無所有處解脫：背捨識無邊之行相，修成無所有之行相。7.非想非非想處解脫：背捨無所有心，已無明勝之想而住於非無想之心相。8.滅受想解脫：厭背受想，滅一切心心所法，入滅盡定。此八解脫中的第一及第二解脫，依於色界的初禪及二禪，對治欲界顯色的貪；第三解脫則依第四禪，修淨觀，以無貪為性；自第四至第七解脫，以四無色定為性。第八解脫依有頂地，以滅有所緣心為性。

（二）八勝處：於所緣境，勝過煩惱；依所緣境上制伏煩惱，令之不起。也就是能發勝知見所修的禪定。此八個項目，是依八解脫的第一解脫及第二解脫，分作四項，將第三解脫分作四項，共計為八勝處：1.內有色想觀外色少，2.內有色想觀外色多，3.內無色想觀外色少，4.內無色想觀外色多，5.內無色想觀外色青，6.內無色想觀外色黃，7.內無色想觀外色赤，8.內無色想觀外色白。

（三）十一切處：又名十遍處，六大及四種顯色，各各遍滿一切處，共計十種觀法，故名十一切處；又名十遍處之意，是說於一切處，周遍觀察，無有間隙：1.地大遍一切處，2.水大遍一切處，3.火大遍一切處，4.風大遍一切處，5.青色遍一切處，6.黃色遍一切處，7.赤色遍一切處，8.白色遍一切處，9.空大遍一切處，10.識大遍一切處。此中的前八項，是以與八解脫中第三淨解脫相同的無貪為體，是由第四禪緣欲界可見的假四大及四塵之本色；後二項則順次以空無邊處及識無邊處的淨定為自性，各各緣其自地的受、想、行、識四蘊為境。

神會禪師好簡略，只說「心通八解」，就將九次第定的行果過程，一筆帶過。我於重寫本講錄時，正好是在為紐約東初禪寺常住眾講授《俱舍論》，所以對於九次第定的修行及果德，依該論做了如上的簡介。

功成十力

功成十力，富有七珍。

這都是講佛的境界，十力、四無畏、十八不共法，是佛果圓滿位所具的功德。本文只標出十力及七珍，十力是佛的果德。七珍則語意不明，不知所指為何。

此據印順法師《成佛之道》的〈大乘不共法〉章所說：「頓入與漸入，隨機有差別。」他也依據龍樹菩薩之說，將成佛的快慢，根機的利鈍，悟入的頓漸，略分三類，做了簡介：1.福薄根鈍心不堅者，發心修行無量阿僧祇劫，或能成佛或不至佛果。2.少福德利根人，發心漸行六度或歷三大阿僧祇劫得成佛果。3.大福德利根而心堅者，又分作三等：(1)初發心即入菩薩的頂位，以及發心後經小住而入菩薩的頂位者（不再退墮惡道、下賤家、二乘地）；(2)初發心即成佛轉法輪的初地菩薩位者；(3)初發心即與般若相應，成熟眾生，莊嚴佛土的地上菩薩位者。

其中前二類屬於漸教，後一類屬於頓修頓悟的頓教。歷史上八相成道的釋迦世尊，是屬於第二類，歷經三大阿僧祇劫，以最後的丈六紫金身成佛。第三類是理想中的大福德利根而道心堅固的菩薩再來人，在人間是不多見的。

偏偏有許多人或好高騖遠，或好占便宜，自認為是利根上上根人，宜修頓悟法門，直入而頓超十地，立即成就圓滿佛果，其實這跟佛法基礎的緣起緣滅法與前因後果法不相應的。

所以中國正統的禪宗大師們，雖立頓悟法門接人，也說轉迷成悟，即同佛位；乃至要說，若能無念，當下便已具足佛的功德，三身、四智、三明、十力一時成就。

但是，這是說明佛法平等的原則，未必就是將凡夫與佛的福德資糧及慧業修為看成完成一樣。否則禪門的歷代祖師，為什麼不說他們就是佛呢？他們只是為了去除人們的執著、障礙而說無佛、無眾生。所以千萬不要誤解，否則便成為邪見的撥無因果的外道了。

佛的果德，通常是說有十力、四無畏、十八不共法，或說有一百四十與其他二乘、三乘聖者不共的功德。

至於「十力」，是指佛能以十力德，降伏一切魔外：1.處非處智力：能知一切物之道理、非道理智力。2.業異熟智力：知三世一切業報，知一切眾生的三世因果業報智力。3.靜慮、解脫、等持、等至智力：知諸禪定解脫三昧；知諸禪定及八解脫、三三昧智力。4.根勝劣智力：知諸眾生根勝、根劣，謂於眾生根性勝劣，得果大小，皆實遍知智力。5.種種勝解智力：知一切眾生的種種知解程度智力。6.種種界智力：於世間眾生的種種境界不同而如實普知的智力。7.遍趣行智力：例如修五戒十善之行，至人間天上之果；修八正道之無漏法，至涅槃果等，各知行因所致之成果。8.宿住隨念智力：又名知天眼無礙智力，以天眼見眾生生死及善惡業緣，無障礙之智力。9.死生智力：又名知宿命無漏智力，知眾生宿命，知無漏涅槃之智力。10.漏盡智力：又名知永斷習氣智力，於一切妄惑餘氣，永斷不生，能如實知之智力（參考《大智度論》卷二十四，《俱舍論》卷二十七）。

「七珍」不知所指為何，可能是見道以後聖者所具的七聖財，那是：信、戒、聞、慚、愧、捨、慧；又叫作七法財。也可能是《菩薩地持經》卷三所言佛的七種無上：身無上、道無上、正無上、智無上、神力無上、斷無上、住無上。

或者是非常單純的，僅指世間的七寶珍財，以法為富貴的比喻。

〈顯宗記〉的「功成十力，富有七珍」，是說大悟徹底的人，即與三世諸佛同一鼻孔出氣，也指的明心見性的本來面目，心、佛及眾生，是三無差別的體驗，但並不等於已經圓成了佛果的一切功德，否則神會大師本人，應該自稱是佛，也應該要求他的弟子們尊稱他為世尊了。事實上禪宗的祖師們，從來不曾有過自稱是佛的例子。

第五篇

常寂與常用

不二法門

入不二門，獲一乘理。

第一句「入不二門」是《維摩經．入不二法門品》的思想，「一乘」是《法華經．方便品》宣示的思想。

佛為適應眾生的根性，說有無量法門，通稱八萬四千法門對治八萬四千塵勞的煩惱，若就實相而言，法法平等，無差別、無彼此、無高下，所以是不二法門。若依眾生根性，給予方便攝化，大略可分小乘及大乘。小乘之中，又有聲聞根性及獨覺根性的兩類，通稱為二乘人，加上大乘根性的菩薩，合稱為大小三乘；若依實相而言，眾生本無二性，唯有佛性，所以三乘皆是方便說，唯一佛乘才是真實說。〈顯宗記〉主張，人人皆可成佛，頓悟者所見，即是不二法，也是一乘之理。

依《維摩經》的〈入不二法門品〉所載，因維摩詰居士問諸菩薩：「云何菩薩入不二法門？」於是引出一共三十三位菩薩各自宣說所見的不二法門是什麼。那就是：生與滅不二，我與我所不二，受與不受不二，垢與淨不二，是動與是念不二，一相與無相不二，菩薩心與聲聞心不二，善與不善不二，罪與福不二，有漏與無漏不二，有為與無為不二，世間與出世間不二，生死與涅槃不二，盡與不盡不二，我與無我不二，明與無明不二，色與色空不二，四種異與空種異不二，眼與色不二及至耳與聲、鼻與香、舌與味、身與觸、意與法皆不二，布施與迴向一切智不二，是空、是無相、是無作為不二，佛、法、眾為不二，身與身滅不二，身口意善為不二，福行、罪行、不動行為不二，從我起二為不二，有所得相為不二，闇與明不二，樂涅槃與不樂世間不二，正道與邪道不二，實與不實不二，於一切法無言、無說、無示、無識、離諸問答為不二，乃至無有文字、語言是真入不二法門。

其中第三十二位是文殊菩薩，最後的第三十三位是維摩詰居士本人默然無言，文殊為他做結論：「乃至無有文字、語言，是真入不二法門。」這也可說是禪宗「不立文字，直指人心」宗旨所依的一部經典。禪宗主張參禪頓悟的方法與態度是「離心意識」，也能在〈入不二法門品〉中得到依據。《壇經》所引《維摩經》的「直心是道場，直心是淨土」以及「即時豁然，還得本心」的「直心」與「本心」，都是指的「離心意識」的不二法門。

〈顯宗記〉認為六祖以「無念為宗」的「宗」字，便是《維摩經》的「直心」或「本心」，而要還得此直心或本心。因為《壇經》說：「故此法門，立無念為宗，善知識！無者無何事？念者念何物？無者無二相，無諸塵勞之心，念者念真如本性。」又：「真如自性起念，六根雖有見聞覺知，不染萬境而真性常自在。」這些「無二相」又有「見聞覺知」而「不染萬境」，便是《維摩經》的一貫思想——不二法門。由此看來，神會大師與六祖惠能大師之間，真是一脈相承的。

《壇經》的三十六對方法，也是從《維摩經．入不二法門品》得到的影響，共分為三類：

（一）外境無情，有五對：天與地、日與月、明與暗、陰與陽、水與火。

（二）法相語言，有十二對：有與無、有色與無色、有相與無相、有漏與無漏、色與空、動與靜、清與濁、凡與聖、僧與俗、老與少、大與小、高與下（其實是有十三對）。

（三）自性起用，有十九對：邪與正、癡與慧、愚與智、亂與定、慈與毒、戒與非、直與曲、實與虛、嶮與平、煩惱與菩提、慈與害、喜與瞋、捨與慳、進與退、生與滅、常與無常、法身與色身、化身與報身、體與用、性與相。

《壇經》進一步指出：「此三十六對法，若解用，即道貫一切經法，出入即離兩邊。」「離兩邊」即是離兩邊而亦不執中間的中道思想，也即是不二的實相真如法門。所以在《壇經》是主張煩惱即菩提、生死即涅槃的，例如又說：「講《涅槃經》，明佛性，是佛法不二之法。」「惟論見性，不論禪定解脫（之二法）。」見性即是見不二的佛法。

「一乘」的名詞，在《阿含經》中早已有了。至於「一乘理」是《法華經》思想，在〈方便品〉中，最有名的偈頌即是：「十方佛土中，唯有一乘法，無二亦無三，除佛方便說。」意思是說，十方諸佛，唯有一佛乘是佛的本懷，除非為了方便引進根淺的眾生，才分別宣說大小三乘法。《法華經．方便品》中的另三個偈頌也重複地說：「我有方便力，開示三乘法，一切諸世尊，皆說一乘道。」「是諸世尊等，皆說一乘法，化無量眾生，令入於佛道。」「普告諸大眾，但以一乘道，教化諸菩薩，無聲聞弟子。」

若依小乘聖典，只有極少數的利智上根人如釋迦牟尼等過去七佛，得成佛道，其餘眾生若修聖道，也能獲解脫，證聲聞獨覺二乘聖果；也能證無餘涅槃，永處寂滅，但不會成佛。

到了大乘唯識學派，主張眾生有五性之說：1.定性聲聞，2.定性獨覺，3.定性菩薩，4.不定性，5.無性。其中只有定性菩薩，必定成佛；不定性的二乘三乘或可成佛，或不可成佛；定性聲聞獨覺，永遠只得二乘小果；無性一闡提眾生，永不能證三乘聖果，僅可得到人天福報。這使得許多眾生變成自暴自棄，無意發起無上菩提心了。因此，《涅槃經》主張一切眾生皆有佛性，《法華經》主張一切眾生皆入唯一佛乘。中國禪宗，接受《法華經》、《涅槃經》的思想，所以主張見性，即是見的一乘之理。

在《壇經》中，有六祖與弟子法達的一大段對話，討論的便是《法華經》的一佛乘思想。惠能大師認為，《法華經》的「開、示、悟、入，佛之知見」，但「從一處入，即佛知見，見自本性，即得出生」。又說：開佛知見，是一乘法，開眾生知見，便落三乘以及三乘之下的迷人去了。所以告誡法達：「汝聽一佛乘，莫求二佛乘。」

不二法門也好，一乘法也好，這是鼓勵我們，人人都應發無上菩提心，人人都應相信：自己的自性即是佛性。「此念悟」便是菩提，「此念迷」便是煩惱，應當時時對境觀心，不染萬境，便是一直心，便是清淨心，便見煩惱的自性是空，那就是悟見佛性了。

不過，若在未悟之時，切切不可以凡濫聖，以迷作悟，以染為悟，否則，不僅與一直心的本意背道而馳，造業受報，因果不爽，那便糟了。

曾有一位離婚的女居士，跟我打了兩期禪七，就以為已入不二法門，已破男女二相的執著。有一次我要找人開車出門，她便自告奮勇，願當司機，我說還需要找另外一人，必須兩男一女，至少兩女一男才行。她說：「你已經是解脫的禪師，還執著男女相嗎？」

我說：「我只是帶著大家共修禪法，沒有說我是已得解脫的禪師；我是一個出家人，應當遵守僧儀，只由一位女眾開車，會被他人譏嫌的。」

她說：「不管它！那是別人的執著，你別把我當女的看，我們不執著就好了！」

不久之後這位女居士結婚了，帶著她的新婚丈夫來見我，我說：「男人就是男人，女人就是女人！妳現在又結婚了，妳就是女人嘛！」

所以，還沒有達到入不二法門的程度，就不能說自己已經是沒有執著了，否則會產生邪知邪見。具有正知正見的人，一定是用凡夫世間的標準和看法來要求自己，不能因為自己已經大徹大悟得大解脫，就不管人間的倫理或僧人行儀而破壞人間的差別現象，這是違背常情常理的，這樣會有負面的影響。

前幾天有一個人來問我說：「濟公活佛講『酒肉穿腸過，不妨菩提路』，濟公活佛能夠吃肉喝酒，為什麼法師你不能？」濟公有沒有說過這句話，我們並不知道，但是我們絕不能照那樣做，不然就違背常情常理了。因此，這裡的不二法門是內心的自內證經驗，不是外在行為的表現。生活行為的表現，善還是善，惡還是惡，好壞及內外，還是要清楚分明，否則不僅未獲一乘之理，連三乘善法都不保，乃及人天福報盡失；造作惡業，還以為心不執著，那就會下墮三惡道中去了。

妙中之妙，即妙法身；

這兩句是由「一乘理」接下來的，一乘之理，即是諸佛的法身理體，是遍處恆常與萬法同在的本源自性身。

諸佛的自性身，即是法身，是眾生與佛同體，而視之無見，聽之無聞，嗅之無香，食之無味，觸之無物，乃為見聞覺知所不到，卻又實實在在，不離一切法，不即一切法，所以稱為「妙中之妙」。

「妙」的梵文 mañju，是不可思議、超絕對待、無可比擬的奧妙。所以將真空即妙有，做同格義的表現；將佛果位稱為妙覺，報身佛的佛國淨土稱為妙土，佛的不思議境界稱為妙境，第一最勝不可思議之法稱為妙法，諸佛的覺悟稱妙悟；東方的阿閦佛，又名妙色身如來。

由此可知，凡是佛的境界，均用妙字來表達，妙中之妙，離言不可說，離意不可思，所以是指佛的法性身，微妙不可思議。

天中之天，乃金剛慧。

佛法中的天，是六道之一的天道，是諸天神主，有天帝、天子、天的扈從者，即所謂天龍八部。天的梵文是提婆（deva），不是天空的意思，而是指福德天及禪定天的天人，分作三界二十八個天人的層次，不是以距離地面的高度上下而分，而是依據福報大小及禪定力的深淺而別。所謂三界二十八天，是指福報享受的欲界天，共有六個層次；禪定天分為色界十八天，以及無色界四天。

「天中天」是佛的尊稱，因為佛是天上及人間的導師，受諸天尊敬，所以被稱為天中之天。這一尊稱在經典中提到的，至少可舉出三種：1.《法華經》的〈序品〉有頌句云：「最後天中天，號曰燃燈佛。」2.《方廣大莊嚴經》卷三，敘述釋迦喬答摩王子（後來成佛為釋迦牟尼）即將誕生之前，聖后摩耶夫人仗胎中菩薩威神力故，以偈頌向其王夫稟告，其父淨飯王心生歡喜，亦以頌曰：「念言聖后所懷妊，必定應是天中天。」又說：「唯有最勝天中天，堪受人天妙供養。」3.《修行本起經》卷上〈菩薩降身品〉有云：「梵志相師，一切大眾，皆言太子實神實妙，威德感化，天神歸命，咸稱太子，號天中天。」除此之外，還有數處經典，提到佛是天中天的尊稱。

〈顯宗記〉敘述法身的佛是「妙中之妙」，又稱為應身的佛是「天中之天」，把理佛與事佛，都提出來，表示禪宗並非否定歷史上修證而成的應身佛，不過特別重視人人本具的理佛，勉勵大眾，發起一直心，自見本心，自證自性是佛。

「金剛慧」的依據是《維摩經》的〈入不二法門品〉所載，師子菩薩曰：「罪福為二，若達罪性，則與福無異。以金剛慧，決了此相，無縛無解者，是為入不二法門。」金剛慧是為達實相之理所用的破相之智，所以慧遠的《維摩義記》有云：「破相之智，名金剛慧。」

金剛指的是能夠杜絕一切煩惱賊，能夠摧破一切煩惱魔，揮別世間一切邪知邪見。一般圖像中的文殊菩薩，手上拿的是代表著無上智慧力的金剛寶劍，文殊菩薩的智慧就是代表著佛的智慧，也就是金剛慧。

在《俱舍論》卷二十四有云：「即此所說阿羅漢向，中斷有頂惑，第九無間道，亦說名為金剛喻定，一切隨眠皆能破故。」所以最最堅固銳利的禪定，名為金剛喻定，最最堅固銳利的智慧，名為金剛慧。

〈顯宗記〉的禪宗立場，主張定慧不二，其實是從慧悟而得定體，只要獲得金剛慧，就不必再說金剛喻定了。至於如何頓超頓悟，就在於以心轉境而不被境轉，明察萬法而不染萬境。到了頓悟成佛的時候，金剛慧現前，一切煩惱斷盡，般若的智慧就叫金剛慧，如果能夠進一步參考《金剛經》，了解金剛般若的意思，對於「金剛慧」的意思就更清楚了。

湛然常寂

湛然常寂，應用無方。用而常空，空而常用。

「湛然」的意思是水很深，很清明瑩澈的樣子，可以用秋天的明潭來比喻，風平波不起，是那麼地明而靜；不但能從水面看到水底，從四面八方看，也都是一看就透徹；而且水中不論有沒有魚蝦，自水面到水底，都是靜止不動、明澈見底的，這就叫作「湛然常寂」。

如果不是湛然便不可能常寂，如果不是常寂也不可能湛然。這也就是止觀雙運、定慧同時的最高悟境，也是後來宋朝宏智正覺禪師提倡默照禪的依據。

湛然常寂，便是照而常默，正由於常默常照，所以能夠「應用無方」，不拘一格，不落陳套，適時、適所、適機，靈活運用，自在無礙，這便是大智慧人。世間所謂大智若愚者，平常不多言，如遇必須說話，則言必中肯，要言不繁而字字珠璣，原則是相同的。

去年秋天我在美國東部郊外的一個湖畔，拍了一張照片，由於水平如鏡，湖邊如畫一般的景色，在這張照片中，幾乎無法辨認何者是真景，何者是水面的倒影。這不僅是因為水有反映的功能，還必須水面是平靜無波的，如果水面有風吹拂的話，湖邊沿岸的景色就會是模糊的。

「常空」即是「常寂」，「常用」即是「湛然」。唯有心中無私欲、無我執，始能真的明靜湛然；唯有心中明靜湛然，始能明察萬物而化育萬物。但這是只有大覺的佛陀，才能夠到達這種地步，〈顯宗記〉所敘述讚歎的，都是在於誘導眾生向佛學佛，自信本來與佛無異，只因為被妄境所染，為煩惱所迷，只要回頭，便是彼岸在望。但這並不是說，禪悟的人，便是八相成道的事佛，不過是見到了自性即是空性的理佛。

所以真正能有湛然常寂的智慧，才能發揮鉅細靡遺、應用無方的力量。大覺佛陀，能夠回應一切眾生的需求，能夠使得眾生獲得恰到好處的回應，這便是佛的智慧，應用無方。佛一方面智慧如海，高深莫測，另一方面心境廣大，無邊無涯；慈悲的貢獻，是無量的，濟世的功能，也是無限的，因此任何眾生聞到佛法，就能或多或少得到幫助，因緣成熟的就得到多，因緣未成熟時，也能讓他種下得度的因緣。

所謂「用而常空」，是指雖然度了無數眾生，卻沒有覺得是在度眾生，也沒有期待眾生一定要做什麼，雖然佛也鼓勵眾生要勤修戒、定、慧，息滅貪、瞋、癡，那是鼓勵，不會強制；對佛而言，眾生修行得力不得力，那是眾生自己的事。佛雖鼓勵眾生要布施、持戒、修福修慧，眾生是不是有什麼回饋，佛不會放在心上。因此佛有無量的功德，度無盡的眾生，但心中沒有牽掛，沒有期盼和等待。

所謂「空而常用」，是說雖然沒有執著，可是經常有度眾生的功用。常空是空去我執及法執的無明煩惱，常用是用一切種智，知一切諸佛之道法，知一切眾生之因種。

用而不有，即是真空；空而不無，便成妙有。

這兩句是反覆說明〈顯宗記〉第三、四兩句「真空為體，妙有為用」。

一般人以為的真空，是物質現象呈現的真空狀態，那是空間、空隙、空洞，不是佛法所說的真空。本文已在前面介紹過佛教所講空的層次，也介紹過了《般若經》、《大智度論》對於空義的陳述。

此處是告訴我們：「真空」的意思是「用而不有」，「妙有」的意思是「空而不無」。一般人的常識都以為，空了便沒有作用，凡所有便不是空。但是佛法所說的真空，乃是雖有作用，卻不以為有所作、有所得、有所成，既然一切都是因緣所生法，必會由於因緣而滅，離因離緣便是無為無作。真空不妨妙有，是一真法界的理事無礙；妙有不妨真空，是理事無礙法界的法住法位。即空即有是妙有，非有非空是真空。

法無定相

妙有即摩訶般若，真空即清淨涅槃。

「摩訶般若」（mahāprajñā）譯成漢語為大慧，是涅槃三德之一，是照了諸法實相的智慧。所謂涅槃三德，出於《涅槃經》：1.法身德：是佛的本體，是以常住不滅的法性為身。2.般若德：即是摩訶般若，是如實覺了一切法相的無漏慧。3.解脫德：佛已遠離一切繫縛，故已得大自在。此三德，不一不異，不縱不橫，如伊「∴」字三點。

此處以般若慧之運用，為空而不無的妙有，因為般若慧，即是實證諸法空性實相的空慧，所以本身即是真空，確有照了諸法實相的功德，所以是妙有。至於「清淨涅槃」，是形容涅槃遠離一切煩惱垢染的繫縛，所以是絕對清淨的，因為涅槃的梵文 nirvāṇa，有滅度、寂滅、圓寂、不生等義，不僅是無漏無為的，也是無表無作的，所以是真空的代名。

般若是涅槃之因，涅槃是般若之果。

由於般若的空慧，能照了諸法實相即是無相，就能破煩惱網、出生死海、登涅槃岸，所以般若是涅槃之因。相對地說，涅槃是由般若的功用而得的結果。

「涅槃」的名稱，在小乘的有部論師，又叫作「擇滅」，常住於不動的善性，即是寂滅。故在有名的〈雪山偈〉中說：「諸行無常，是生滅法，生滅滅已，寂滅為樂。」是以「生滅滅已」的永住寂滅，稱為涅槃。但到了大乘佛法，則以不生不滅稱為涅槃，而將法身、解脫、般若視為同格異名，三德一體，不一不異，那就不是有部所認知的涅槃了；小乘是「生滅滅已」的寂滅，大乘是「不生不滅」的寂滅。

小乘是以常、樂、我、淨，為四顛倒見，所以基礎佛法的實踐修持，便是四念住觀：1.觀心無常，2.觀受是苦，3.觀法無我，4.觀身不淨。以觀無常、苦、無我、不淨的四法，對治常、樂、我、淨的四顛倒，而趣向解脫道的涅槃果。

大乘佛法，強調發菩提心，行菩薩道，重視六度及四攝，所以到了《涅槃經》

中，涅槃不僅與法身、解脫及般若，同格異名，三德一體；而且更進一步，主張涅槃具有真常、真樂、真我、真淨的四德，此涅槃具有四德，是因為涅槃為無漏、無為、無作、無表。般若有普照實相之用，解脫有斷除煩惱之功，法身有遍處諸法之性；涅槃乃是般若、解脫、法身之體。所以是妙有而真空，真空即妙有。

所謂涅槃具有四德：1.常德：涅槃之體，恆常不變而無生滅，又能隨緣攝化，用常不絕故。2.樂德：涅槃之體，寂滅永安，所以是樂；又能運用自在，無不適心，所以是樂。3.我德：涅槃之體用，有兩種解釋：(1)就體是實，名為我；(2)就用自在，名為我。4.淨德：涅槃之體用，已解脫一切煩惱垢染，故為淨；又能隨化處緣而不受汙染，故為淨。

〈顯宗記〉的思想，當然是大乘的頓教法門，以無念之心為宗，若明無念之心，即明涅槃妙心，三德圓證，四德具足。不生不滅，是真寂滅。大乘佛法的重心所在是：以智慧明燈，照破煩惱愚闇；以慈悲寶舟，普度一切眾生。所以大乘涅槃是：不戀生死，不為生死所困；不厭生死，不忍眾生受苦；不見生死，不受生死眾苦。不戀生死是解脫德，不厭生死是法身德，不見生死是般若德。

般若無見，能見涅槃；涅槃無生，能生般若。涅槃般若，名異體同。

前面已說過「般若無知」，乃是無所不知而圓得三智（一切智、道種智、一切種智）。此處說「般若無見」是不見煩惱執著，那就是實證寂滅的涅槃，如同《楞嚴經》所說：「千年暗室，一燈能破。」般若現起時，煩惱自然消除；並不是因為般若能去除煩惱，原因是煩惱的自性本空，般若即是空慧，所以當般若顯現之時，煩惱自然不見。當煩惱不生之後，要滅除的對象沒有了，不生不滅，便是涅槃。所以般若能見涅槃，涅槃能生般若。

由此可知，般若和涅槃名稱雖異，實體相同。當得般若時就是得涅槃，當得涅槃時就有般若，一等於二，二等於一。

隨義立名，故云法無定相。

這兩句是說，般若與涅槃，名雖有二，其體實一，只是為了說明它的道理，所以分別給了兩個名目。若再加入法身、解脫，便是涅槃三德；若再加上常樂我淨，可立涅槃四德。

這些名義，都是為了方便說明佛的無上功德而建立的，並沒有一定的什麼可指可說，所以涅槃的三德四德，均無定相，千萬不要被這些名詞所標示的義理迷惑了。光在名字義理上打轉，是無法親啟般若的空慧，無能親證解脫的果位，無從親驗法身的遍在，涅槃理體的寂滅相也無以表達了。

涅槃能生般若，即名真佛法身。

前面已說「涅槃無生，能生般若」，此處再說「涅槃能生般若」，目的是告訴我們：就是因為般若的空慧，是由於照見諸法空相，是實證諸法實相即無相的涅槃理體，所以般若的空慧，是由涅槃的寂滅相而生。當涅槃的理體生起般若的功用時，便見一切諸法的自性，無一不是諸佛的法性身，稱為「真佛法身」。

般若能建涅槃，故號如來知見。

涅槃三德的彼此之間，既是互為體用，而隨義立名，所以般若是由涅槃而生，般若也能建立涅槃，如來所見的法身理體，也在般若與涅槃的互生互建的同時，顯現出來。

「如來知見」出於《法華經》的〈方便品〉：「諸佛世尊，唯以一大事因緣故，出現於世。」什麼是諸佛世尊出現於世的一大事因緣呢？就是：1.欲令眾生開佛知見，2.欲示眾生佛之知見，3.欲令眾生悟佛知見，4.欲令眾生入佛知見。諸佛出現世間，沒有別的任務，僅是為了救濟度脫一切眾生，開示佛的知見，使得眾生都能悟入佛的知見，這也就是《法華經》的最高精神所在。

什麼又是佛的知見或「如來知見」呢？〈顯宗記〉說：由於般若之用能建立涅槃之體；或者由於般若的空慧，能實證不動的涅槃理體，便是佛的知見。《壇經》記述惠能大師開示弟子智常之時，曾說：「但見本源清淨，覺體圓明，即名見性成佛，亦名如來知見。」由此可知，若能悟見眾生自性是空，即能悟見眾生的本來面目清淨無垢，自性即是圓明的覺體，即是名為見性成佛，那就叫作如來知見。

動寂常妙

知即知心空寂，見即見性無生。

這兩句還是講的「如來知見」與涅槃、般若的互為體用。「知心空寂」是般若慧的觀照之功，「見性無生」也是般若慧的離相見性；「空寂」是涅槃相，「無生」也是涅槃相。所以如來知見，便是知心空寂，見性無生。

「知心」的「心」是一真法界的清淨心，也是《起信論》所說的真如心；「見性」的「性」是一切法的法性，一切眾生的自性，一切諸佛的法身。清淨的真如心，是無相、無動、無染、無著的真空心；諸法的法性、眾生的自性、諸佛的法身，都是空性，所以心性，亦是無滅亦無生的涅槃。

知見分明，不一不異，故能動寂常妙，理事皆如如。

此處的「知見」，即是前面的「如來知見」，也即是「知心空寂」、「見性無生」。由於涅槃是般若、解脫、法身三者的不一亦不異，所以能夠靈活地運作，既是常動的，也是常寂的。

這實在太奧妙了，從有為、有作、有生、有滅的現象看，當下就能體認到一切諸法的自性，本寂本空。現象是事，自性是理，事理之間，都是如此地自然。站在般若的立場，因事物的現象，可以照見五蘊皆是空寂不動的；站在涅槃的立場，可以確定由於寂靜的理體，才能顯示出智慧的觀照之力。其實，一切的諸法，都是基於這樣的法則，所以稱為如如。

總之，如果執著，不論執著什麼，乃至執著佛的經教，而被所執的對象束縛，都是眾生知見；如果一切不執著，魔來斬魔、佛來斬佛，便是如來知見。如果不能提得起放得下，便是眾生知見；能夠即真空而不否定妙有，空有自在，收放自如，便是理事如如的如來知見。

即處處能通達，即理事無礙。

「處處通達」，是涅槃三德周遍恆河沙界；「理事無礙」，是涅槃之理體與般若之事用，互為表裡，相即相融。

「通達」是無遠弗屆，無微不至，「無礙」是無物遮止，無事障礙。於涅槃的體是恆靜不動的，於般若的用是常照常空的，於解脫的功是無縛無染的，於法身的相是遍在遍不在的，所以既是通達，又是無礙。此處所說的，還是涅槃三德。

第六篇

定慧與如如

六識不生

六根不染即定慧之功，六識不生即如如之力。

以上講了涅槃三德，現在接下來講六根六識與定慧的關係，也就是六根六識與涅槃妙心的關係。

「六根」是包括生理功能的前五根，與意念的心理功能的第六意根，也就是眼、耳、鼻、舌、身、意，合稱六根。前五根是物質體的外形以及神經組織體的官能。至於第六意根是什麼？有許多說法，小乘有部，以前念之意識，為後念繼起之根，名為意根；大乘唯識學派，以第七末那識，為第六意識之根，稱為意根。可見大小乘佛法，都不以意根是物質體的神經組織了。

六根不染，等於六根互用，那是八地以上已登無功用位的菩薩及佛的境界；由於六根離汙染而成純淨，所以能現佛身；六根互用，是說六根之中的任何一根，都能具備其他諸根的功能。依據天台宗所判，至圓教十信位的菩薩，得六根清淨位，亦為六根互用位，相等於別教的第八地菩薩。到了此位的菩薩，以眼等六根，莊嚴清淨的福德，那是由於對境不生執著，所以自在無礙。

如何能六根不染？那是由於「定慧」的功能，明鑑不動的定慧，能使六根不為六境汙染。

「六識」是由六根緣六境（塵）而生起的功用，六境是色、聲、香、味、觸、法。六根、六境，是以色法為多，心法為少；六識則都是心法，那就是眼、耳、鼻、舌、身、意。六根、六境、六識彼此的關係，是不可分割的。六根對六境，合稱十二處，再加六識，名為十八界。但此十八界，是由色、受、想、行、識的五蘊開展出來，總稱五蘊、十二處、十八界，為三界有為有漏世間法的三科，為了說明其關係，可以製二表如下：

表1

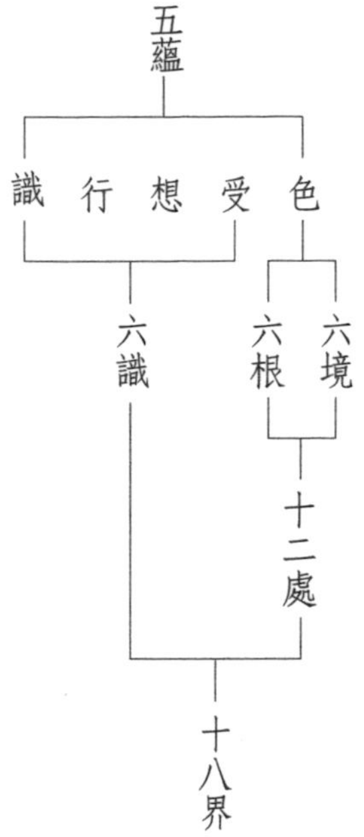

表2

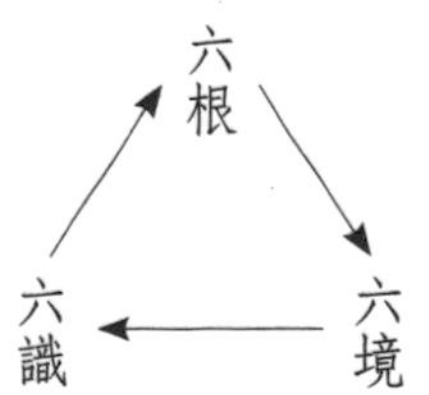

「六識不生」其實就是因為六根不受染著，所以也不會生起六識的分別執取之相了。但是六識的分別執著，雖已不生，通過六根而做互用的智慧之力，仍會自然而然照常運作，所以說「如如之力」。

依據大乘唯識思想所說，「識」有八個，都代表著煩惱無明的心用，轉八識成四智，才是離煩惱而證菩提的佛果位。前五識轉為成所作智；第六識轉為下品妙觀察智，是在初地菩薩位，轉為純淨無漏的上品妙觀察智，是在第八地；第七識轉為下品平等性智，也是在初地見道位，到了第八地菩薩位，轉為中品，至金剛無間道，也就在成佛之前一剎那，才成為純無漏的上品平等性智。第八識轉為大圓鏡智，是在進入佛位之後。

〈顯宗記〉此處所說的「六識不生」，包括了前五識及第六識，沒有說到第七、第八識，也未說是哪一地的菩薩位，但其實都是指已證涅槃三德的佛位。這也正是頓悟法門的特色，不論大小次第漸修漸證，只談直下頓悟的一佛乘。所以一切言教，都歸無念為宗的最上一乘。

心境雙亡

心如境謝，境滅心空；心境雙亡，體用不異。

「心」不如如，便是有執著煩惱生起的六識；「心」能如如，便是真空妙有的涅槃三德。「境」不滅，便是六根對六境而生六識的煩惱塵勞；「境」滅，便是六根不被六境所染。

「心」是般若，「境」是法身，「謝」及「空」是解脫，則涅槃自然；所以六根不被六境染著，六識即不生起，六識不生起作用，六根六境，有等於無，所以說「境滅心空」。十八界如如運作，乃是「心境雙亡」的結果，也是涅槃三德的本身。

未悟之前，心是煩惱，境是塵勞，是相引相吸或相互障礙而不得解脫；開悟之後，心是般若，境是法身，謝及空是解脫，常照常寂，常有常空，法爾如如，便是互為體用的涅槃三德，所以說「體用不異」。

真如性淨，慧鑒無窮。如水分千月，能見聞覺知。見聞覺知而常空寂。

在〈顯宗記〉中有「無念念者，即念真如」的句子，可知真如即是無念之念，「無念」則是《壇經》的宗旨，也是〈顯宗記〉的宗旨。換句話說，這個「真如」，便是清淨的涅槃妙心。由於心的用是般若淨慧，心的體便是清淨的自性；而清淨無染的自性，便是般若淨慧所照見的諸法空性，所以這種般若的空慧，能照一切法，能破一切暗，能解一切結，成一切道品。般若的體性雖只一個，般若的功用卻有無窮無盡，這就是「真如性淨，慧鑒無窮，如水分千月」的意思了。

「水分千月」是譬喻，真如的心體只有一個，那就是空性，空是真空，真空就是妙有，性遍一切諸法，用也能夠遍照一切諸法。就像天空只有一個月亮，卻能映於地上千江萬水的水面，每一水面都可映現出完整的月亮，彼此獨立，互不相礙。

真如的梵文 bhūtatathatā，在佛教經典中的意思，是遍滿於宇宙萬有的常住真體，相對於虛妄的法相，而將無染真空的法性名之為真。真空的法性不變，稱之為如。真如同質異名極多，例如：法界、法性、實際、不思議界、一心、自性清淨心、如來藏、真際、實相等，都是指的真如理體。不過諸宗學派，對於真如的屬性，也有不同的看法，唯識宗、地論宗、《起信論》，各有其主張；禪宗的真如觀，大致上是和《起信論》的隨緣說相契的。

因此，真如隨緣，即起般若慧的作用，即有「見聞覺知」的功能，但此見聞覺知的心理反應，不是依於煩惱的染心，而是起自清淨的真心，所以不會由於有了境界現前，也有了見聞覺知的心理反應，便產生虛妄分別的作用；乃是如實的「慧鑒」，自性不動；真如心也是恆常與空性相即，「常空」故亦常「寂」，就是真如隨緣而不變，不變而隨緣的意思。隨緣所以有慧鑒萬法的作用，不變所以雖有「見聞覺知」而又「常空」常「寂」。

無相無生

空即無相，寂即無生。不被善惡所拘，不被靜亂所攝。

上文既說真如雖有慧鑒無窮的覺照之功，而其自性又是常空常寂的。此處接著說明，常空的「空」，即是諸法的實相，所以也是無相。所謂「無相」，是遠離執著心的境界，是了知萬法如幻的無漏心，是以無漏心修空觀，照見諸法的真如實相，即是無相。

依據《涅槃經》卷三十所說：「涅槃名為無相，以何因緣名為無相？善男子，無十相故。何等為十？所謂色相、聲相、香相、味相、觸相、生住壞相、男相、女相。是名十相，無如是相，故名無相。」《無量義經》則說：「無量義者，從一法生，其一法者，即無相也。」《金剛經》也說：「離一切諸相，則名諸佛。」「如來說一切諸相，即是非相。」

以上這三部經，由《壇經》中得知，六祖惠能大師曾於印宗法師座下聽《涅槃經》，在五祖弘忍座下聽《金剛經》；至於《無量義經》，屬於法華三部的開經，也就是佛先說出《無量義經》，中說《法華經》，後說《觀普賢行經》；《壇經》有數處引用並討論《法華經》，但六祖是否也接觸過《無量義經》則不得知。但是在《壇經》有數處用到「無相」這個名詞，例如「無相懺悔」、「無相三皈戒」、「無相頌」等，六祖惠能所謂「無相」，便是「前念、後念、今念，念念不被愚迷染，……念念不被愚癡染，……念念不被疽疾染」，「但悟自性三身，即識自性佛」，便是無相的境界。

〈顯宗記〉說空與寂，便是無相，即是無生，還是圍繞著涅槃的理體功德而說。既是無相無生的寂滅理體，當然不會受到善與惡的思量分別心所拘，也不會受到靜與亂的虛妄攀緣心所攝了。禪修者若在善與惡的分別心生起之際，不妨反觀此心的根源是善惡不二的真如心；若在靜與亂的攀緣心生起之時，不妨反觀此心的根源是靜亂不二的真如心。

不厭生死

不厭生死，不樂涅槃。無不能無，有不能有。

世間的眾生，對於生死的態度，可以分作三類：1.醉生夢死、貪生怕死：這是一般凡夫，我們可以稱這些人為戀世的愚人。2.討厭生死、逃避生死：是二乘根性，我們可以稱這些人為出世的智者。3.不戀生死，不厭生死：是大乘的諸佛菩薩，我們可以稱這些人為入世化世的聖者。

一般的修行人及許多的宗教徒，雖然未必是貪生怕死的愚人，但對於現實的世界，卻是抱著厭離的態度，或者修福報求生天國享受欲樂；或是修禪定，厭離欲境而欣求定樂，死後往生禪定天；這都不是究竟的解脫，即使證得二乘聖果，住涅槃境，也不是圓滿的覺者。

大乘佛法，主張一切行者，都應當學習「不厭生死，不樂涅槃」的態度。這是《壇經》所說生死即涅槃的不二法門，如果厭離生死而樂入涅槃，那便是把生死與涅槃對立起來，成為第二義諦了，至少只做到離我執而出離五蘊生死，還沒有離開法執，沒有從生死出入獲得自在了。

所以，站在大涅槃的立場，無相的真空，無生的寂滅，是不能沒有的，叫作「無不能無」。若站在般若空慧的立場，雖有遍照、普覺、自覺、覺他、覺滿的功德，卻不能以為有智有得的，因為般若智慧的妙有，其實就是涅槃寂靜的真空，這叫作「有不能有」。

行住坐臥，心不動搖。一切時中，獲無所得。

禪宗主張，修行無念為宗的禪法，主要是修的「心地法門」，凡是有心之時，便是禪修之時。所以不主張僅以整天打坐，稱為禪修，而是將日常生活中的「行住坐臥」四大威儀，照顧周到，便是最好的禪修工夫。

至於「心不動搖」是心不隨境轉，也不受境染，卻不是不起觀照的作用。以心對境之時，青黃赤白、大小方圓，都能清清楚楚，鑑別無遺，卻又不起欣厭好惡的情緒反應。

「一切時中」，佛經中將時間分作兩類：（一）時，（二）時分，又各有兩類：

（一）時的兩類：1.迦羅（kāla）時，為實時，即世間所稱的時間。2.三昧耶（samaya）時，為假時，即剎那生滅的分位。

（二）時分的兩類：1.晝三時，2.夜三時。也有將時分分作晝四時、夜四時的，也有分作晝六時、夜六時的，乃至一日一夜分作三十時、六十時的。

此處所說的「一切時中」，是總括日以繼夜、夜以繼日、分分秒秒、剎那剎那，都是正念分明，清清淨淨，不動不搖，亦無所得。因為恆以般若的空慧，觀察一切諸法實相無相，所以也無所獲得，正如《心經》所說「無智亦無得」的境界。**三世諸佛，教旨如斯**。

以上所說的，就是介紹三世諸佛設教的共同宗旨。

第七篇

付法與傳衣

無住之心

即菩薩慈悲，遞相傳受。自世尊滅後，西天二十八祖，共傳無住之心，同說如來知見。至於達磨，屆此為初，遞代相承，於今不絕。

這一段文字，是敘述禪宗的傳承，是由於歷代諸大祖師，發了「菩薩」大「慈悲」心。從釋迦世尊滅度之後，歷經印度的「二十八」代祖師相傳，到了最後一代的菩提達摩，來到東土的中國，成為中國禪宗的第一代祖師，又經六代相傳，到了六祖惠能，便傳至神會等十大弟子，所以神會大師要說「於今不絕」。

他們歷代相傳的禪法是什麼呢？禪宗稱為涅槃妙心，或名正法眼藏，其實就是《金剛經》所說的「應無所住而生其心」的「無住之心」，因為六祖便是從無住之心悟入了涅槃妙心。至於何謂「如來知見」？這在前面已經解釋過了。

所傳祕教，要藉得人，如王髻珠，終不妄與。

禪法是心地法門。明心見性，頓悟成佛者，必須師師相承，心心印心，不假語言文字，以真知灼見的如來知見為契印，對於師弟之間的默契之處，唯有以心傳心，心心相印，所以對未悟者言，乃是「祕密之教」，不以言喻的無漏心法。

這種心地法門，最重要的是必須是已悟本心、已見自性的人，才能像魚水相逢、親子相遇般。髻珠是《法華經》的七種比喻之一，出於〈安樂行品〉：「如轉輪王，見諸兵眾，有大功者，心甚歡喜，以此難信之珠，久在髻中，不妄與人。」意思是說轉輪王有髻中寶珠，不隨便給人，只有對有大功勞的兵將才有資格授予，這是用來譬喻祖祖相傳的禪法，也必選擇已悟自性是佛的人，才給予印可；因此後人便將禪宗的禪堂，稱為選佛場。

福慧二嚴

福德智慧，二種莊嚴，行解相應，方能建立。

「福德智慧，二種莊嚴」，出於《涅槃經》卷二十七所說：「二種莊嚴，一者智慧，二者福德，若有菩薩，具足如是二莊嚴者，則知佛性。」

菩薩以此二德莊嚴法身，稱為福慧莊嚴。佛陀是福智圓滿的聖者，福足慧足，稱為兩足中尊。菩薩從初發無上菩提心，修持六度萬行，具足所有的福德，藉以顯現法身，稱為福德莊嚴；修習正知正見淨盡無明，顯現法身，稱為智慧莊嚴，二者合稱，便是福慧二嚴。

菩薩修行六度，六度均為福德莊嚴，第六般若度，則為智慧莊嚴。福利他人，名為福德莊嚴；自度自利，名為智慧莊嚴。利他及自利，都以般若的空慧為根本，所以六度也以般若為目標，也以般若為中心。離開般若的智慧莊嚴，修習布施、持戒、忍辱、精進，乃至禪定，都只是人天善法，只能得人天果報，不能稱為波羅蜜多的福德智慧的二種莊嚴。

所謂「行解相應，方能建立」，是以福德為行，智慧為解。布施、持戒、忍辱、精進、禪定的五門為行，般若一門為解，基礎佛法則以三法印為解，四增上學為行。

所謂三法印是指：1.諸行無常，2.諸法無我，3.涅槃寂靜，若加一項4.有受皆苦，則為四法印。所謂四增上學，是：1.信增上，2.戒增上，3.定增上，4.慧增上。這是正知正見正行的佛陀教法。

不論大乘佛法或小乘佛法，都非常重視福慧二嚴的行解雙運，唯有行解相應，才能像〈顯宗記〉所說的「涅槃能生般若」、「般若能建涅槃」。否則，行解若缺其一，便如鳥失一翼，不能飛行，不要說不能真的利益眾生，也難保自己不會墮惡道！

衣法相傳

衣為法信，法是衣宗。唯指衣法相傳，更無別法。

這四句是說，「傳衣」是傳「法」的信驗之物，付法才是傳衣的根本宗旨，禪宗僅此衣法代代相傳之外，沒有其他的禪法了。

有關付法傳衣的問題，是禪宗史上的一大論點。從《付法藏因緣傳》的記載，禪宗初祖摩訶迦葉在佛滅後，集合阿難尊者等人，結集如來法藏，摩訶迦葉入滅之時，以最勝法付囑阿難。所付囑的是將如來的聖教，世間勝眼，相付守護，暢演斯法，化諸眾生。當阿難尊者涅槃前，付法第三代商那和修尊者的時候，阿難也說：「佛以法眼，付大迦葉，迦葉以法囑累於我，如我今者，涅槃時至，以法寶藏，用付於汝，汝可精勤守護斯法，令諸眾生服甘露味。」

在這些記錄之中，只說佛的法藏，是世間的勝眼，又稱法眼，是佛的聖教，可以用來向眾生演說的，是經教的緣起性空之法，不是說心地法門的涅槃妙心，也沒有說要以心印心，祕付密授，更沒有見到傳衣之說。最早的傳法記載，應該是《增一阿含經》卷三十五〈莫畏品〉，佛言：「我今持此法，付授迦葉及阿難比丘，所以然者，吾今年老，以向八十，然如來不久當取滅度，今持法寶付囑二人，善念誦持，使不斷絕，流布世間。」這和《付法藏因緣傳》所記載的很類似，付的是教法，未見心法之說。

「傳衣」之說，在宋朝契嵩編修的《傳法正宗記》也只說佛在將正法付囑大迦葉時，給了一件「金縷袈裟，命之轉付彌勒」，所以後來並沒有衣傳給第二祖阿難尊者。直到西天（印度）的第二十四祖師子尊者，付法第二十五祖婆舍斯多尊者時，才見到有傳衣的記載，他對二十五祖說：「我所傳如來之大法眼，今以付汝，汝宜奉之，即去自務傳化，或遇疑者，即持我僧伽梨衣，為之信驗。」但到婆舍斯多尊者付法第二十六祖不如蜜多尊者時，並沒有將此僧伽梨衣傳下來，他的理由是：「我昔傳衣，蓋先師遇難，付法不顯，用為今之信驗；汝適嗣我，五天（五印度）皆知，何用衣為？」

到了第二十七祖般若多羅付法第二十八祖菩提達摩之際，也只是說：「以法而付囑曰：如來大法眼藏展轉，而今付於汝，汝善傳之，無使斷絕。」未見有傳衣記載。達摩到了漢地，在嵩山少林寺，付法東土第二祖慧可之時，便又見到傳衣及缽的記載了：「昔如來以大法眼，付囑摩訶迦葉，而展轉至我，我今以付於汝，汝宜傳之，無使其絕；並授汝此僧伽梨（大衣）寶缽，以為法信。」其後歷經三祖僧璨、四祖道信、五祖弘忍、六祖惠能，均有付法傳衣之說，到了四祖傳五祖之時，《傳法正宗記》已將付大法眼改為：「昔如來傳正法眼，轉至於我，我今付汝，並前祖信衣缽。」本為付法，改成傳法。又改為衣缽傳承，似乎衣缽都非常重要了。可是到了六祖之後，他有十大弟子，一改以往一代只傳一人的傳統，又恢復為付法而不傳衣缽了。

依據印順法師的《中國禪宗史》第五章所說，一代一人的付法，本與證悟沒有關係，所付囑的是「正法」、「法藏」、「勝眼」、「法眼」，這合起來，便成為後人傳說的「正法眼藏」；也因為大多是祖師們即將入涅槃前的付囑，後世便傳說成為「涅槃妙心」的臨終密授之說。所付的法，本來也沒有「心法」之意，而是「守護」、「護持」、「傳化」如來的教法。這在《付法藏因緣傳》及《傳法正宗記》等禪宗史之中，可以知道。可見禪宗有不少傳說，與歷史並不相符。

一代一人的傳法規則，也是一個值得討論的問題。佛世有十大弟子，一千二百五十位比丘弟子皆是大阿羅漢，尚有數百比丘尼阿羅漢弟子，其中有不少是大乘的菩薩根性，例如彌勒及文殊二大菩薩，都是佛世僧中的龍象比丘，大迦葉雖然極被世尊倚重，可是唯獨大迦葉受佛付法，成為禪宗初祖的單傳方式，也不盡合理。只是由於大迦葉結集如來教法，成為修多羅（契經）等的法藏，因此才有付法藏的說法，並非在世尊滅度之前，只將「正法眼藏，涅槃妙心」傳給大迦葉一人。

不過付囑正法，傳承衣缽，的確也是禪宗史上的事實；〈顯宗記〉所說的「衣為法信，法是衣宗」也是事實，衣法相傳，便是中國禪門正統的傳承方法。有關六祖付法傳衣的問題，印順法師在其《中國禪宗史》的第五章中，有相當詳細的考證。

內傳心印，印契本心；外傳袈裟，將表宗旨。

這四句是說，內心傳的是心地法門的印可，是契合真如本心；外在傳授的袈裟，用以表示付法的宗旨。

禪宗重視傳承，重視「心印」，也是很好的傳統，這種作法，能夠確保禪宗傳人的品德及其知見的純正，經過正統傳承具德大師們的考驗，可以知道下一代傳持佛法者的心態，以及對正法的認知是否正確。

所謂明眼人或過來人，一定是能夠把握佛法的原則，否則，對正知正見的因緣觀起的空慧，以及對種瓜得瓜的因果觀起的信念，都弄不清，還自說自話，自己宣稱是佛法的傳持者，佛教難保不會因此而受損傷。所以「內傳心印」的師師相承，還是有其必要性的。

至於「外傳袈裟」，只是為了取信於世人，如果有當然是好，如果沒有也沒有關係；尤其如果不是一代只傳一人，傳衣便沒有必要。

袈裟是梵文 kaṣāya 的音譯，意思是不正、壞、濁染，是染成緇色或木蘭色的雜色衣，是代表出家沙門所披的三種衣。三衣各有名稱：五條衣名為安陀會，七條衣名為鬱多羅僧，九條衣乃至二十五條衣稱為僧伽梨。

出家之後，求受比丘具足戒時，必須備全三衣及缽，因為比丘別無其他長物，所以臨終之時只留下衣缽，在付囑佛法傳持的遺命，同時也將衣缽交給弟子，也是合理的事。後世特別將這些過程神祕化及神聖化了，乃是宗教層面或信仰層面的事。

無生之法

非衣不傳於法，非法不受於衣；衣是法信之衣，法是無生之法。

這四句是說：對祖師們而言，如果沒有衣則不表示傳了法，如果沒有付法也不會傳衣；傳衣是代表付法的信物，付法是付囑的無生妙法。

神會大師為了肯定惠能大師是五祖弘忍大師的正統嫡傳，所以極度強調五祖付法傳給六祖惠能是歷史事實，因為五祖弘忍座下，還有一位弟子神秀，在北方大弘禪法，極有威望，並為朝廷所重。

神會是六祖親傳的弟子，雖在十大弟子之中，首位是法海上座，不是神會。六祖示寂（西元七一三年）之後的第十九年（西元七三二年），神會在河南的滑台大雲寺，論定南宗宗旨的大會上，還宣稱：「其袈裟今見在韶州（曹溪）。」根據文獻考據，這也確有其事。

衣傳惠能之事，北方神秀一派的傳人，也沒有提出任何異議，可見五祖真的是單傳給了惠能，所以在〈顯宗記〉的末段，再三再四、數數反覆地，指出付法與傳衣兩事的不可分割性，就像般若與涅槃，名異體同那樣重要。

其實，般若與涅槃，的確名異體同；至於非得傳衣才傳法，非得傳法才傳衣，就不一定有那麼必要了。

第八篇

無生與解脫

真正解脫

無生即無虛妄，乃是空寂之心；知空寂而了法身，了法身而真解脫。

最後這四句話是說，「無生」是不雜「虛妄」的涅槃，也就是真「空寂」滅的「心」，那是由般若的「空」慧照見了遍在的「法身」，見了「法身」，便是得「真解脫」。

這最後的四句話，是在總結禪法的無念為宗，其內容不出於無生的涅槃，具足般若、解脫、法身的三德互融，是一體而隨義立名。「無生即無虛妄」，是涅槃的理體；「空寂之心」，即是涅槃的真常心；「知空」是般若的功用，由於般若的空慧，能見到諸佛的法身遍於虛空，能見法身，即可從兩種生死，獲得真正的解脫。

後記

有關神會禪師及其所創荷澤宗的歷史資料，一向是以下面的三種為準：1.唐代宗密的《圓覺經大疏鈔》，2.宋代道原的《景德傳燈錄》，3.宋代贊寧等的《宋高僧傳》。神會的著作，在過去只有《景德傳燈錄》所收錄的〈顯宗記〉，共六百五十九個字。近代敦煌所藏有關神會作品的唐代寫本被發現後，經胡適等人校跋而發表出來，稱為《神會和尚遺集》。讓我們有機會讀到更多神會禪師的篇章。

現代學者之中，研究介紹神會禪師的，中國人之中有胡適及印順等人，日本人之中有宇井伯壽、關口真大、柳田聖山等人。我不是禪宗史的專家，本書的講述，也沒有以禪宗史的角度來寫。

根據胡適先生的評斷，神會的作品多半是由其門人記錄或編集的。這篇〈顯宗記〉雖被胡先生譏為禪八股，但是確實被認定是神會在七十八歲時親自撰寫的，在當時的荷澤宗內，應該是流傳很廣的；直到宋朝的《景德傳燈錄》編成，雖然已距離二百五十年之久，還被很珍惜地編入，可見其重要性，所以我也很用心地把它當作教材，講了一遍。

我在本講錄中，常常對照敦煌本的《壇經》，因為神會所傳的禪法，便是依據敦煌本的《壇經》。對照之後發現，神會禪師所傳禪法的用語及其思想模式，與敦煌本《壇經》，有很多神似之處。試舉例對照如下：

（一）敦煌本《壇經》有：「見有人教人坐，看心看淨，不動不起。從此置功，迷人不悟。」又：「坐禪元不著心，亦不著淨，亦不言動。若言看心，心元是妄，妄如幻故，無所看也，若言看淨，人性本淨，……不見自性本淨、心起看淨，卻生淨妄。」又：「外於一切境界上，念不去為坐，見本性不亂為禪。何名為禪定？外離相曰禪，內不亂曰定。」

（二）敦煌出土《神會語錄》第三殘卷有云：「遠師問（神會）：嵩嶽普寂禪師、東嶽降魔禪師，此二大德，皆教人凝心入定，住心看淨，起心外照，攝心內證，指此以為教門。（神會）禪師今日何以說，禪不教人凝心入定，住心看淨，起心外照，攝心內證？何名為坐禪？（神會）和尚答曰：若教人凝心入定，住心看淨，起心外照，攝心內證者，此是障菩提。今言坐者，念不起為坐；今言禪者，見本性為禪。所以不教人坐身、住心、入定。」因為他又說：「我六代大師，一一皆言：單刀直入，直了見性，不言階漸。夫學道者，須頓悟漸修。」

由此可見，禪宗六祖惠能大師門下，《壇經》中雖有十大弟子，首席不是神會，也未見行思及懷讓之名；後世宗門盛傳的六祖派下三大系，卻是：青原行思、南嶽懷讓、荷澤神會，其中弘揚惠能大師以無念為宗的心地法門，最最貼切的，乃是神會禪師。

（一九九八年六月十一日凌晨，聖嚴後記於紐約法鼓山美國分會東初禪寺）

國家圖書館出版品預行編目資料

神會禪師的悟境 / 聖嚴法師著 . -- 三版 . -- 臺北市 :
法鼓文化 , 2019.11
面； 公分
ISBN 978-957-598-829-6 (平裝)

1. 禪宗

226.6 108015422

禪修指引 12

神會禪師的悟境

The Enlightened State of Chan Master Shenhui

著者 聖嚴法師
出版 法鼓文化
總審訂 釋果毅
總監 釋果賢
總編輯 陳重光
編輯 李金瑛、李書儀
封面設計 邱淑芳
美術編輯 Rooney Lee
地址 臺北市北投區公館路一八六號五樓
電話 02-28934646
傳真 02-28960731
網址 http://www.ddc.com.tw
E-mail market@ddc.com.tw
讀者服務專線 02-2896-1600
初版一刷 二〇〇〇年八月
三版一刷 二〇一九年十一月
建議售價 新臺幣二二〇元
郵撥帳號 50013371
戶名 財團法人法鼓山文教基金會—法鼓文化
北美經銷處 紐約東初禪寺
Chan Meditation Center (New York, USA)
Tel: (718) 592-6593 Fax: (718) 592-0717

法鼓文化